ウルトラマンからワンピースまで

ヒーローたちの

戦い

林延哉＋
NOBUYA HAYASHI
高田明典
AKINORI TAKADA

CYZO

ウルトラマンからワンピースまで

ヒーローたちの

戦うキモチ

Intro

この本の目的

僕らはいつも戦っている、そんな気持ちがしていないか。

何と？　誰と？

いろんなものと、いろんな奴と。

それとも戦いから逃げている、そんな気持ちをしてるんだろうか。

いつも。いろんなものから。

仕事、勉強、受験、恋愛、環境問題、原発、国防、自然破壊、地球温暖化、違法駐輪、路上喫煙、訳のわからない上司、理不尽な規則、残業、不良品、売れ残り、除染、病気……。

僕らはいつも、たくさんのものと戦っている、たくさんの場所で戦っている。

僕らは僕らの人生を戦いの人生として捉える、語る。あるいは戦いから逃げる人生として捉える、語る。それはどちらにしろ同じことだ、「戦う」というフレームワークの中で物事を考えているっていう意味では。

戦いは勝ち負けを呼び起こす。戦えば、勝つか負けるか、そのいずれかしかない。そして戦いは、臨むか逃げるかを求める。戦いは、臨むか逃げるかで、臨めば勝つか負けるかだ。戦いに臨めば賞賛され、逃げれば非難される、戦いに勝てば称揚され、負ければ目を背けられる、罵られる。何よりも、自分自身が自分自身を非難し、自分から目を背ける。

何で僕らは、自分の行為を戦いっていうフレームワークの中で考えてしまうのだろう。あるいは、まったく新しい事態に遭遇して何で僕たちは、戦いのフレームワークを適用しようとするのだろう。もっと違ったものでもいいはずなのに。

あるいは。どこにあるかも知らないような、尖閣諸島なんて名前を聞いたことも今までなかったような、だからもちろん行ったこともないし、知り合いが住んでいるってこともない、そんなどこにあるかも分からないようなちっちゃな島が取られそうだ、と聞くと、俄然防衛したくなる、守りたくなる、そのために戦いたくなる、そんな僕らは一体なんなのだろう。

そのくせ一方で、沖縄で、あるいは沖縄以外のあちこちで、僕たちの国土はあちらもこちらもアメリカに奪われ、僕らの払う税金のすごい量がそのアメリカの基地に回っていても、僕らはそれにあらがわない。珊瑚の上にコンクリートブロックを落とされても、空からなんかの部品が落ちてきても、僕らは何も思わない。それは一体何故なのだろう。

僕らは、ありきたりなフレームワークの中で泳いでいるだけのメダカのようなものじゃないのか。

聞いたような言葉、聞いたようなストーリーを、まるで自分の言葉や自分の物語だと勝手に思って、自分の生き方をその枠組みにはめ込もうとしているだけじゃないのか。何で、僕らは、自分の生き方をどこかで聞いたことのあるような物語として語ることを求めるのか。

僕らは、こんなことを考えている。

僕らの語る言葉の大半は、僕ら自身が生み出した言葉ではないものからできている。いつか誰かが語った言葉からできている。でもそれはおかしなことではない。言葉が通じるっていうことはそういうことだから。でも、自分が語る言葉が、自分が生み出したものなのか、誰かがいつかどこかで語っていた言葉なのかを区別できることは大切だ。踊らされないために、踊らないために、そして、本当だったらできるはずのつながりを、絆を、失わないために。

僕らは考えたい。僕らの戦いたい気持ちって何が作ってるの？　何に作られちゃったの？って。同じように考えたい。戦わない気持ちって何なの？

僕らは、僕らの戦う気持ちと戦わない気持ちを作ってきたものをたどってみようと、この本の中で思っている。僕らの戦う気持ちや戦わない気持ちのチープさと、僕ら自身のチープさと、僕らはチープだからこそ生きている生身の人間なんだよってことを確かめられるような気がするから。自分の言葉で語るために、言葉を自分のものにするために。

どう？　おもしろそうだと思ってくれますか？

もし思ってくれるならば、しばらくの間、僕らの物言いに付き合ってほしいなって思う。

そのために、この本を書いている。

ウルトラマンからワンピースまで　ヒーローたちの　戦うキモチ　目次

Intro　この本の目的　002

Act.1
戦う主人公たち
主人公たちは、なぜ戦うのか？　彼らの戦う理由と戦うキモチを探る！

ウルトラマン　012
「正義」のため、しかしその底にはハヤタへの「罪ほろぼし」の気持ちが……！

ウルトラセブン　018
地球を外敵から守る！　それは愛するアンヌを守るため？

進撃の巨人　027
復讐心に燃えて戦う日々だが、いったい何から何を守ろうとしているのか？

contents

宇宙戦艦ヤマト 033
人類の期待と希望を一身に背負って戦う若者たちのキモチとは?

ぼくらの 039
「健気」にも自分を納得させて戦いに出てゆく特攻少年たち

仮面ライダー 047
支配の魔の手から人間を救う! ただし昭和から平成へ、ライダーは変わった

美少女仮面ポワトリン／美少女戦士セーラームーン／プリキュア 055
せっかく「強い力」を与えられたんだから戦う、というキモチの希薄さ

ドラゴンボール 065
「どこまでも強くなりたいし、とにかく戦うのが楽しい」ってどういうこと?

ワンピース 072
「仲間を信じ、夢を追い求めて戦う! 降りかかる火の粉は払いのけるだけ!」の理不尽

鋼の錬金術師 082
傷ついた誇りのリベンジ、そして肉親の体を取り戻したいという痛恨の思い

contents

魔法少女まどか☆マギカ
死ぬのは怖いし戦う理由もない、そんな少女が最後に……！ 107

ケロロ軍曹
戦えばいつでも勝てる余裕を持った軍人が、平和の楽しさを知ってしまった！ 116

夏目友人帳
戦いや力づくでは友達になれない！ 人と妖とが認め合う世界とは？ 122

妖怪ウォッチ
「交渉がいいな」から「やっつけちゃえ」への急展開、その意味は？ 128

はたらく魔王さま！
戦うことより自分が日々変化し成長してゆくほうが楽しい！ 138

おジャ魔女どれみ／魔法のプリンセスミンキーモモ／魔法の天使クリィミーマミ
魔法少女たちの「戦う意味」と「期待利得」の関係とは？ 146

Intermedio **【幕間劇】物語が持つ影響力とは** 146

Act.3 敵の分析

敵たちは、なぜ戦うのか？　彼らの戦う理由とキモチを探る！

Act. 1
戦う主人公たち

主人公たちは、 なぜ戦うのか？
彼らの戦う理由と戦うキモチを探る!

ウルトラマン

「正義」のため、しかしその底には
ハヤタへの「罪ほろぼし」の気持ちが…！

ウルトラマンが登場したのは1966年、今から50年も前のことだ。

さて、僕らがアニメや特撮をテレビで見る時、一番最初に見るのはどんなところだろう。それはもちろん、オープニング映像、そして主題歌だ。ある時期から主題歌は、番組の内容というよりもイメージを歌うようになって歌詞の中身も番組の内容と関わらなくなっていった。まさに、イメージソングだ。

それに比べると、昔の子供向けの特撮やアニメの主題歌は、番組の概要や特徴、テーマを歌っていた。文字通り、主題歌だった。では、ウルトラマンはどんなふうに歌われていたか。

ウルトラマンの主題歌は必ずしも内容的に番組のそれと一致しているわけではない。正直、ウルトラマンのことを歌っているのか、科学特捜隊のことを歌っているのか区別がついていない。が、それはともかく。

ウルトラマンというのは、「自慢のジェットで敵を討つ」(これはハヤタ隊員か科学特捜隊の述懐なのだろう。ただし誰に「自慢」するのかが当時から謎だったのだが、僕らの感覚としては、「僕ら自身の自慢となっているような感じがして」この歌詞に何やら誇らしい気分さえ感じたものだ)、「光の国」から「僕らのため」や「正義のため」にやって来た「我らのウルトラマン」なのだ。ちなみに2番の歌詞では、「正義のために」やってきたと歌われているが、3番の歌詞では「怪獣退治の専門家」とも歌われている。つまり「正義のため」とはいうものの職業軍人か、職業として警察行動を行うプロだということだろう。もしかしたら給料ももらっているかもしれない。

というわけで、ウルトラマンは正義に基づいて敵である怪獣を退治するために、光の国から僕らのためにやってきてくれた人であるということを、僕らは『ウルトラマン』を見るたびに、そのオープニングの歌詞によって刷り込まれていた。

これは、正味20数分しかない放送時間の有効活用だともいえるだろう。個々の回のドラマを各回では描かなければならないから、全編通してのテーマ的なことは主題歌に任せておく。万が

一、途中から番組を見始めた視聴者にもこの番組がどんな内容なのか、主題歌を聞けばある程度想像ができる。

もちろん、『ウルトラマン』では、毎回怪獣が登場する。山から海から宇宙から、いろんなとこから登場する。そして我々の日常を脅かす。ウルトラマンはこの怪獣と戦って、倒してくれる。もちろん、我々地球人側も、最初からウルトラマンに任せて手をこまねいているわけではない。人類には人類の「科学特捜隊」と呼ばれる組織がある。地球で起きる怪異な現象に対応するためのチームだ。優秀な調査、分析能力を持ち、戦闘のための武力も持っている。調査から攻撃までを一貫して行うことのできる実力組織だ。

出現した怪獣とまず対峙するのは科学特捜隊だ。科学特捜隊はミサイルやレーザー、あるいは新開発された兵器で怪獣と戦う。死力を尽くして戦うのだけれど、巨大な怪獣の前に、ちっぽけな人類の兵器は役に立たない。あわや一巻の終わりか、と言う瞬間に、まばゆい光とともに、怪獣と肩を並べる巨大な宇宙人ウルトラマンが現れて、怪獣を倒してくれるのだ。「ありがとう、ウルトラマン」、人類は、自分たちを危機から救ってくれたウルトラマンに感謝する。

一方、科学特捜隊の戦いは、たぶんに「人事を尽くして天命を待つ」的だ。ウルトラマンが地球に登場する以前の戦績がどのようなものだったのか想像するのは興味深いが、ともかくウルトラマン登場以降は、ウルトラマンが出てくるまで持ちこたえることを任務とする前線部隊のようなものになっている。自衛隊の発足が１９５４年でウルトラマン登場の10年余り前だが、なんとか持ちこたえれば、後はアメリカが助けてくれる的な発想がしっかり定着していたようにも思われる。

ここで、ウルトラマンが、なぜ戦っているのかを考えてみる。それには事情がある。ウルトラマンはもともと地球や人類とは何の関係もない。ただ、凶悪な怪獣を護送中に逃走され、追跡中に誤って科学特捜隊のハヤタ隊員を殺してしまう。ウルトラマンでも人間の警察官のような失態を犯すというのもある意味微笑ましいし、観光バスのトイレ休憩でもあるまいに、護送中にどうして地球に寄り道したのかは謎であるが。そこで自分の命を使ってハヤタを生き長らえさせ、一心同体となって、怪獣と戦うことを選んだ。ウルトラマンが憑依したハヤタ隊員は、科学特捜隊の一員であり、彼は人類を脅かす怪異、多くの場合怪獣と戦っている。人類を守るために戦っている。だから、もともと同様の仕事に従事していたとはいえ、ウルトラマンが地球で怪獣と戦っている理由には、たぶんに成り行き上のことではあるものの、贖罪《しょくざい》的な意味が含まれていると感じられる。もちろん、当時ウルトラマンを視聴していた子供たちは太平洋戦争のことなどほとんど知りもしなかったのだろうが、ことによると当時の大人の側にはうっすらとそのような感覚があったのかも知れない。そして僕ら当時の子供たちは、ウルトラマンに熱狂した。ウルトラマンは第一義的には正義のために僕らを守ってくれるのだが、そのような状態になったきっかけは贖罪、つまり殺してしまったハヤタ隊員への罪ほろぼしである。僕らは、「正義のために」という目的よりも、贖罪という目的のほうが、ウルトラマンの行動をよく説明できると感じていた。

「過失とはいえハヤタ隊員を死なせてしまったのだから、そりゃあ地球に居残ってハヤタ隊員に憑依して、戦う義務があるんだよね」というわけだ。つまり、ウルトラマンの戦う理由は一つではない。そこには、戦う理由としての正義と、戦うキモチとしての贖罪の二つが描かれている。そして僕らは、戦う理由も大事だとは思うものの、戦うキモチのほうがむしろ重要だということを身に染みて感じるような大人になった。

日本はアジア太平洋戦争での教訓から平和憲法を掲げ、「平和を愛する諸国民の公正と信義に信頼して、われらの安全と生存を保持しようと決意し」、「国権の発動たる戦争と、武力による威嚇又は武力の行使は、国際紛争を解決する手段としては、永久にこれを放棄」したのだから。あるいは兼愛、非攻を説いた墨家《ぼっか》の如く、防衛に専念する実力しか持たない国であるのだから。他国を攻めることなく、しかし自らを守るための強固な実力は持ち、平和を希求する国際社会の手が差し伸べられるまで持ちこたえるに徹しよう、そのことで「平和を維持し、専制と隷従、圧迫と偏狭を地上から永遠に除去しようと努めている国際社会において、名誉ある地位を占めたい」と思った国なのだから。その意味では、科学特捜隊は日本国憲法の理念に基づいて行動しているし、ウルトラマンは日本国民が信頼した「平和を愛する諸国民の公正と信義」そのものだった。

しかしそれらは、「戦わない理由」もしくは「戦う理由」であり、「戦わないキモチ」と「戦うキモチ」のことではないのだと感じる。翻って考えてみると、日本人の多くは、いまだに、アメリカにウルトラマン的な役割を期待しているようだ。もちろん安全保障条約というれっきとした国家間の条約によって保証されていることだから、そこに斟酌《しんしゃく》できるような「キモチ」などあるかどうかもわからないし、そもそもアメリカが日本に対して贖罪の気持ちを持っているなどということはとても信じがたい。しかし、僕ら日本人の側から見てみれば、ウルトラマンの構図と、戦後（おそろしいことに21世紀の現在まで続いている）日本とアメリカの関係は、とてもよく似ているものとして映っていたりはしないだろうか。まぁそれは、何度となく繰り返されてきた指摘なんだけれども、やっぱりもう一度繰り返したい。なぜなら、とても大事なことだと思うから。そして、解かれていない問題だと思うから。飽き飽き？――それは、解決されている問題について持つべき感想なんじゃない？　僕らはこの問題がきちんと決着つけられるまで、何度だって繰り返したい。そういうことを繰り返し指摘するのが、僕らの仕事の一部だとも思っているからね。

「守るために戦う」というのは、ウルトラマンの戦う理由としては、それが正義だからという意味で中心的な理由であろう。しかしウルトラマンの戦うキモチには、多分に「贖罪」という成分が含まれている。よく考えてみるならば、「何のために守るのか」という動機の部分が、この本でいうところの「キモチ」である。守るという行為に何の理由もなければ、そもそもそんなことをしないはずだ。それが正義だから、それが正しいことだから、という理由が提示されることがないわけでもないが、どうもそういう理由づけはウソくさい。ウルトラマンの「戦うキモチ」は、ウソくさくなかった。では、アメリカが日本を「守る」キモチは、どうなんだろうか。

ウルトラセブン

地球を外敵から守る！
それは愛するアンヌを守るため？

ウルトラセブンが僕たちの前に現れたのは、ウルトラマンが倒れた半年後のことだった。ウルトラマンは、ゼットンとの戦いに敗れ、M78星雲に帰っていった。迎えに来たゾフィーは贖罪はもう十分だといい、自分の命をひとつハヤタに分け与えることでウルトラマンを納得させて故郷に連れ帰った。つまりハヤタ隊員を復活させることによって贖罪は済んだという考え方だろう。まぁそれはその通りだが、このくだりで、ゾフィーがウルトラマンを説得しなければならないという点に、子供であった僕らはとても感動したことを覚えている。なぜなら、それは「キモチ」の問題だからだ。だって、ゾフィーは偉そうだったし、きっとウルトラマンに命令できる立場であるように見えたけれども、それでもなお、意を尽くしてウルトラマンを説得しようとする。僕らは、子供ながらに、「僕らに対しても、大人はこう接してもらいたいよね」と感じたりしていた。まぁ、少し冷静になって考えれば、ウルトラマンが職業軍人なのか警察官なのかは判然としないものの、かなり独立した権限を与えられていたことによるのだろうが。

アメリカが日本の安全を保障するのとは違って、ウルトラマンが人類に味方した理由の中で大きな位置を占めるのは、前項で述べたように、自分が犯してしまったミスに対する贖罪の気持ちだった。自分の過ちで人一人を殺してしまった、だから身代わりになって、自分が彼の意志を継いで行こう、それがウルトラマンの気持ちだった。自分の勢力拡大のため地政学上の要衝として日本を自国の版図内においておこうというような戦略ではなかった。そのウルトラマンがゼットンに倒された時、人類は既にゼットンを倒すだけの実力を身につけていた。つまり人類（科学特捜隊）は、ウルトラマンの力を借りなくても、強大な敵に対峙し、それを倒すことができるようにまで成長していた、ということである。かくて、ウルトラマンは「卒業」となる。まぁ筋が通った処理であり、上司（なのかは不明だが）であるゾフィーの判断も処置もきわめて適切であると感じたものだ。

さて、ウルトラセブンの全体の設定については、ウルトラマンほど歌詞から得られる情報はない。当時の主題歌には、テーマを歌うのではなく、登場人物の名前や必殺技を連呼するものも多い。『ウルトラセブン』の主題歌はそちらの方で、「セブン、セブン」と連呼する。その他に分かるのは「遥かな星」出身の宇宙人で、「モロボシダン」という地球人名を名乗り、やはり大怪獣を、ビームを使って倒すことくらいだ。

ウルトラセブンはウルトラマンと違って、何かをミスって地球にとどまることになったわけではない。彼は、M78星雲から地球観測に派遣された恒点観測員であり、モロボシダンは、彼の地球上での仮の姿だ。地球人モロボシダンを殺して憑依したわけではない。ここでの問題は、観測員の彼が何故地球で戦っているのだろうかということである。当時の地球は、宇宙からの多くの侵略者に狙われていた。ウルトラセブンは、その状況を目の当たりにして、地球を侵略者の手から守るために戦うのだけれど、なぜ彼がそんなことをし始めたのか、分からない。地球のことが好きになったから、というようなことなのだろうが、それもぼんやりとしたものであり、命をかけてまで戦うような理由とはなりえないのではないかと感じる。

つまり、ウルトラセブンの戦うキモチを理解するのは、とても難しい。あるいはアンヌ隊員のことが関係しているのかもしれない。アンヌ隊員とモロボシダンの間には、単なる同僚以上の信頼関係があるのは衆目の一致するところだろう。アンヌもモロボシダンも、ウルトラ警備隊の隊員である。ウルトラ警備隊は、地球防衛軍の一組織で、宇宙からの侵略者から地球を守るために組織された精鋭部隊だ。そもそも地球防衛軍に所属するということで、「ガチ感」が漂う。

地球防衛軍ウルトラ警備隊も、その名の通り専守防衛に徹する守りの組織だが、ウルトラマンにおける科学特捜隊のように他力に頼むところはない。ウルトラセブンがやってくるまで持ちこたえられればそれでいい、という態度は、まるでない。もちろん、彼らにとって、ウルトラセブンは強い味方だ。自分たちの7人目の隊員だと思っているから、その名もウルトラセブンと名付けたのだから。けれどもウルトラセブンを救世主のような巨人だと考えているわけではないし、ウルトラセブンの方もウルトラマンほど万能ではない。知らないことも多いし、迷うし、騙されるし、さらに残念なことに寒さにも弱い。

ウルトラセブンには、問題作としてよく知られている作品が幾つもある。その中でも代表的な作品は「ノンマルトの使者」だろう。あまりに有名な話なので、ここでその内容を紹介することはしないが、この回の中で、ウルトラセブンは、自分が侵略者の手から守ろうとしている地球人もまた、地球の侵略者だったのではないか、という疑問を突きつけられる。しかし、考えてみれば、そのような可能性は十分に考えられることであり、ましてやM78星雲から恒点観測員として地球に派遣されている、という「宇宙的視野」の中で仕事をしている彼ならば、その可能性を考えないことはないはずだし、よしんば考えていなくとも、その可能性を指摘されて大きく動揺するはずもない。

その彼が、この回、大きく動揺するのは、モロボシダン＝ウルトラセブンにとって、地球はただの観測対象ではなく、思い入れ、あるいは好意の対象となっていたということを示している。そしてそこには、アンヌの影も大きく影響を及ぼしていたに違いない。

ウルトラセブンは、好きな人を守るために侵略者と戦っていたのであって、相手が侵略者だから戦っていたのではない。「侵略」という「崇高な理想」に悖《もと》る行為に対して「恒久の平和」を守るために戦っていたのではなく、好きな人が侵略されないために戦っていたのだ。だから、かつてその人たちが侵略者であったのだとしても、侵略された側の訴えよりも侵略した側の今を守ることに加担した。このウルトラセブンの戦うキモチは、ウルトラマンのそれと比べると、より際立つ。ウルトラマンの戦うキモチの中心は贖罪であったのに対し、ウルトラセブンの戦うキモチの中心には愛がある。愛というよりも、親近感というほうがよいとも感じられるが。守るために戦うということの動機としては、実は、愛や親近感ほど納得のいく理由はない。正義がどちらの側にあるかはわからないが、ウルトラセブンは、自分が親近感を感じている（愛する人が所属する）側のために戦う、というわけだ。これを「戦うキモチ」として不純であったり正しくないものであるとすることなど、おそらく誰にもできない。贖罪という戦うキモチはそれなりに十分な説得力を持っていたが、愛の前ではかすんでしまう。

一方、地球防衛軍も、宇宙を貫く平和のようなものを想定する気配はない。四面楚歌、自分以外は皆敵という意識で戦いに臨んでいる。地球人以外は信頼に足らぬ存在であり、疑ってかかるしかない存在である。

ウルトラ警備隊のキリヤマ隊長もまったく悩まなかったわけではない。ノンマルトの海底都市を発見して宇宙人の基地であるのかどうかを疑うが、「われわれ人間より先に地球人がいたなんて！　いや、そんな馬鹿な、やっぱり攻撃だ」と独り言を言い、攻撃の指示を出す。この「やっぱり」がちょっと気になる。この4文字を発するあいだに、どのような論理や感情が錯綜したのだろうか、と。ただ、悩んだというよりは、その間、数秒なので、ふとした気の迷い程度かもしれないが。こういう即断即決は軍人には必要不可欠なものであるだろうし、キリヤマ隊長は「地球防衛軍」の幹部でもあるわけだから、もしも攻撃命令が出ていたならば、現場の指揮官が躊《ちゅう》躇《ちょ》することは問題であろう。シビリアン・コントロール（文民統制）および文官統制は、当然のことながら具体的な戦闘の効率的運用を妨げる制度であるし、戦争を効率的に遂行しようとしたら、軍人に大きな権限を与えるほうがよいに決まっている（怖いことだ）。しかし戦争という理不尽な行動においては、多くの間違いが発生するのもまた一方の事実であるから、文民統制、文官統制という仕組みを人類は発明したのだと言えるだろう。それをないがしろにしようとする勢力は、つまり、戦争を効率的に行うべきと考えている人たちだと思ったほうがよい。そして、戦争を効率的に行うべきだと考える人たちを選挙で選んだのは私たち国民であるのだから、それはしかたのないことだ。

　ちなみに、この「ノンマルトの使者」で提起された問題に上下合わせて１０００ページという大著で答えたのが貴志祐介の『新世界より』だ。過去に自分たち人類がどのようなことをしたのであれ、自分の未来と希望を守るためには、それを受け入れて今を続けていくしかない、『新世界より』はそのように答えを出している。
『新世界より』の世界では、人類は超能力を持ち、ネズミの進化形態であるバケネズミを使役して生活していた。物語は主人公の渡辺早季の12歳、14歳、26歳の三つの時期から構成されている。早希が、秘匿されていた人類の歴史を知り、自分が人類を管理していく倫理委員会の長となるべき人間だと知り、そしてバケネズミこそがかつて人類であったものであり、早希の祖先である超能力を持った人類が、その超能力によって超能力をもたない人類をバケネズミに変化させていたことを知るプロセスが、この物語の根幹だ。そして結論は、例え自分が侵略者の子孫であったとしても、自分たちの未来を守るために、祖先の行為を受けいれ、それを続けていくしかないというものだ。例えノンマルトこそが本当の地球の先住民であったとしても、今の人類を守るためにはノンマルトを殲滅《せんめつ》するしかない、「ノンマルトの使者」のウルトラセブンと人類の行為を、『新世界より』は肯定している。

ウルトラ警備隊が唯一信頼に足ると考える宇宙人であったウルトラセブンであったが、地球人を異星人から守る戦いに疲弊し、結局は故郷の星に帰還することになる。献身の果てに、ウルトラセブンは力尽きてしまう。刀折れ矢尽き精魂の果てたとき、故国を離れ異郷の民のために戦った若き兵士は一人その地を後にせざるをえなかった。

ウルトラセブンの最終回の美しさと悲しさは、愛がまっとうされなかったことによるのだが、最後に愛が描かれる。モロボシダン（＝ウルトラセブン）は、自分がM78星雲から来た宇宙人であり、地球人ではないのだとアンヌ隊員に告白する。その告白のセリフも激しい。「アンヌ、僕は、僕はね、人間じゃないんだよ。M78星雲から来たウルトラセブンなんだ」という具合だ。「人間じゃない」と言い切るのだが、ここで、それまでウルトラセブンが戦ってきた理由が「異星人（もしくは人間以外の知的生命体）による侵略から地球を守ること」であることを思い出す必要がある。

「びっくりしただろ？」と問いかけるダンに対して、アンヌは、こう言う

「ううん。人間であろうと、宇宙人であろうと、ダンはダンに変わりないじゃないの。たとえウルトラセブンでも」

このとき僕らは「びっくりしない」アンヌ隊員のほうに、とってもびっくりした。いまどきの言葉でいえば「アンヌ隊員の人間力すげぇ」。

個人的な感想でしかないのだが、このシーンは、様々な映像作品の中でも最も美しいと感じる。最終話（第49話）までの48回ものあいだ、異星人、人間ではないもの、地球人ではないもの、との戦いを描いてきたのに、最終回のクライマックスがこのシーンなのは、むしろ反則であるとさえ感じる（ちなみに、このシーンの映像表現もたいへん素晴らしいので、子供の頃に見た記憶があっても、もう一度見ておくべき。再度感動すること請け合い。あと、このシーンでのアンヌ隊員の激烈かつ反則的な可愛さも凄いし）。

異質な者たちを、ただ単に異質だというだけで排除の対象とするべきではないのは当然である

が、仲間を守るために戦う、味方を守るために戦う、と感じたとき、そこに「異質な者」つまり「他者」を想定することになる。ウルトラセブンのストーリー中のキリヤマ隊長を責めるつもりは毛頭ないが、異質な者たちをすべて仮想敵と認識することは、よく行われることである。あたりまえだが、知らないのだから、とりあえず敵だと考えておけ、ということだ。そして「やっぱり攻撃だ」となる。ましてや、その異質な者たちが、少々でも攻撃的な行動をとったら、多くの場合、そう考えてしまう。しかしよく考えてほしい、異星人と「あなた」との距離は、あなたの近くにいる人間とあなたとの距離と、どれほど違うのか、と。アンヌ隊員は、対象となる知的生命体の属性によらず、「あなたはあなた」(ダンはダン)と考えた。それが美しいのは、属性を見るのではなく、個体を見るからである。ただ、それはなかなかうまくできることではないのだが。

進撃の巨人

復讐心に燃えて戦う日々だが、いったい何から何を守ろうとしているのか?

ウルトラマンもウルトラセブンも、宇宙人という設定ではあるものの、結局のところ巨人である。巨大怪獣に対抗しうるのは、人型巨大ロボットや巨人というのが定番であるわけであって、人に害を為す巨大生命体（たとえば怪獣）が存在している場合、それを排除しうるのは、人もしくは巨人でしかない。それは、人vs獣という対立が基本的構図として存在していることによると考えられる。この図式が崩れることは、これまでほとんどなかった。散発的には害を為す巨人をテーマとしたコミックやアニメが作られたことがないわけでもないが、それらはほとんど顧みられることもなかった。当たり前のことだが、僕らは人であり、そのサイズが大きくなったからといって、人である以上、僕らの側の存在であると認識されるはずだからである。ウルトラセブンでは敵は異星人だったが、それらは明らかに巨人ではなく、巨獣の姿だった。

しかし、当然のことではあるが、必ずしも巨人が人間を助けてくれるわけではない。そのことを鮮烈な形で僕らが思い知らされたのは『進撃の巨人』を通してだった。突如現れた巨人に、人類は食い殺され人口は激減した。人類は、巨人が乗り越えることのできない巨大な壁を都市の周囲に築き、その中に隠れ住んだ。しかし、その壁すらをも破壊する巨人が現れた。人類はさらなる後退を余儀なくされ、すでにその滅亡の瞬間は目前に迫っていた。それでも人類は、巨人と戦うための立体機動装置を開発し、勝ち目のない戦いを続けていた。

『進撃の巨人』において巨人に対抗する側の人類の目的は「守る」である。ここまで明確に「守るために戦う」ということが前面に出ているコミックも珍しい。対抗しうる手段がほとんど無いほど巨人は強力であって、ときに巨人を殺すことができたり、捕縛することができたとしても、全体としての圧倒的な力の差は越えがたいものとして描かれている。つまり、守るために戦うのだが、その前提として「守ることができない」という状況が存在する。圧倒的な劣勢から生じるこの無力感は、巨大な塀に囲まれてかろうじて守られているという閉塞感と相まって、この物語の主旋律を構成している。そしてさらなる問題は、どうせ負けるのに、どうせ守ることなどできないのに、どうして戦うのかということである。つまり、守れなければ守れないほど、「守るために戦う」ということの意味が問われるようになる。しかしながら、「何のために戦うのか」を考えると、それぞれの事情は少々異なってくる。もちろん「何のために戦うのか」と問いかけられれば、すべての兵団の兵士の答えは一緒だろう――人類を存続させるため――。つまり人類を守るためである。しかし、戦うキモチを考えるなら、必ずしもそうではない。「人類を守るため」というのは、兵団の目的であり、兵団に参加している個々人の目的はかならずしもそうではないからである。果たして、人類は守るべき存在、もしくは守る価値のある存在なのだろうかという疑問が生じるようになる。繰り返しだが、戦う理由と「戦うキモチ」は異なる。

エレンは、囲われた壁の中で暮らすことを嫌い壁の外に憧れる少年だった。そして、人類を壁の中へと追い込んだ巨人を憎んでいた。その思いは、母親を目の前で食い殺されてから、尚一層募った。母を殺された復讐と、人類の解放がエレンを、巨人と戦う調査兵団へと向かわせた。エレンにとって、巨人は、母の仇《かたき》であり、人類の自由を奪った侵略者である。ためらうことなく人を食い殺す巨人は、エレンにとって迷うことなく殲滅する対象だ。エレンにとって巨人を倒し、土地を取り戻すことこそが戦いの目的だ。そして、エレンの日々は、殺すか殺されるかの日々なのだ。だから、エレンにとっての戦う理由は「取り戻すこと」であり、必ずしも守ることではない。また、エレンの戦うキモチの中心は復讐である。

戦いの中で、エレンは、自分が巨人化する能力を持っていることを知る。これはエレンにとってとても面倒な事実である。なぜならエレンは「巨人」に対して復讐心を持っているわけだが、自分自身がその復讐の対象であるということによる。ただ、エレンの例では、巨人化しても訓練により人間であるときの意思を保つことができるという可能性が示唆されている。ここがポイントである。エレンの敵は必ずしも巨人ばかりではなく、むしろエレンを監禁し、兵器として利用することを考える兵団の上層部さえもがエレンの敵となる。そしてさらに、自分以外にも巨人化する力を持つ人類がいて、彼らは人類の側ではなく人類に敵対する側についていることも知ることになる。巨人には人類を無造作に食い殺すただの巨人と、巨人の力を自らの思惑のために利用できる人間である巨人とがいた。エレンは、巨人だけでなく、巨人と与《くみ》する人間とも戦うことになる。

エレンとともに調査兵団に入隊した、エレンの幼馴染ミカサは、調査兵団随一と言ってもいい破格の戦闘能力を持っていた。彼女はエレンを追って調査兵団に入隊したが、その理由はただひとつ、エレンを守る、それだけだ。ミカサは家族を暴徒に奪われている。巨人にではなく同じ人間にだ。エレンの家に拾われエレンとともに育ったミカサだが、彼女を住まわせてくれたエレンの父も母もすでにない。ミカサには、もうこれ以上家族を失いたくない、その思いしかない。その思いがミカサを動かし、エレンを守らせようとしている。ミカサにとって、外の世界がどうだというようなことは関心のないことだ。ミカサは愛する者を守るために戦う。そして、ミカサの敵は、必ずしも巨人ばかりではなく、エレンを利用しようとする側もミカサにとっての敵である。エレンが「取り戻したい」と思っているように、ミカサは「失いたくない」と思っている。だからエレンは先行し、ミカサは追うことになる。

前述のように、エレンは巨人化の力を持っている。そのために徐々に人間の側の思惑に巻き込まれていく。人類の自由を取り戻そうと戦うエレンはその人類の手によって拘束され束縛される。一方のミカサは、エレンを助けること以外に何も望まず、自らの意思に従って戦い続ける。

『進撃の巨人』という物語において重要であるのは「守るべきものとは何であるのか」という問いである。人類を守る、というとき、その言葉は実際には「人類の何を」守るべきだという主張なのだろうか。人を裏切り、ときとして不安や猜疑心《さいぎしん》から同族である人類を殺戮もする、その「人類」だろうか。もちろん、人類を守るということは、自分が愛する誰かを守ることにつながるだろう。しかし、愛する人を守り、家族を守り、友人を守るということと、人類を守るということの間には、やはり決定的な違いが存在する。いつの時代でも、軍人や政治家の口を衝《つ》いて出るのは「国を守る」「国民を守る」「国民の生命財産を守る」という美辞麗句であるが、たとえば日本が経験した直近の戦争では、戦うことによって国民を守るどころか、戦うために国民から財産を奪い、無数の国民を死に至らしめたではないか。それによって彼らが守ろうとしたものはいったい何だったのか、とても疑問に感じざるを得ないが、そのことは現代でもまだ世界中のいたるところで発生しているように見えるし、日本も再びその方向へと舵を切り始めたようにさえ感じる。直近の話題で言えば、国民の生命財産を守るために、国民の財産であるはずの辺野古の自然環境を破壊し、国民である自衛隊員の生命を危険にさらす必要があるというのだが、それは日本人が受忍しなくてはならないことなのだろうか。何かを得るためには犠牲はつきもの、とでも言うのだろうか。しかしそれで何が得られるのか、僕らにはわからない。そして「犠牲はつきもの」というような主張をするのは、たいがい「悪者」だよね。

僕らは知っている。『進撃の巨人』に描かれているように、ある人が「人類を守る」もしくは「国民を守る」などという大層なことを言いだしたときにこそ、疑ってかからなくてはならないことを。僕らが守りたいのは、おそらく「人類」や「国民」などという漠然とした概念ではなく、具体的な何かであるはずだ。

宇宙戦艦ヤマト

人類の期待と希望を一身に背負って戦う若者たちのキモチとは？

人類滅亡の日まで後1年、その秒読みに入った頃、一隻の宇宙戦艦が地球を旅立つ。目的の地は14万8千光年離れたイスカンダル、そこに放射能除去装置を手に入れに行かなくてはならない。『宇宙戦艦ヤマト』の主題歌は、その状況を比較的丁寧に説明してくれる。「宇宙戦艦ヤマト」と呼ばれる船が地球を旅立つこと、その船は、宇宙の彼方にあるイスカンダルへ向かうこと、ヤマトは人々の運命を背負って出港していくことなどだ。「必ずここへ帰ってくる」などというくらいなのだから、帰還のままならない旅なのだということも想像できる。そしてその頃、デスラー総統率いるガミラス軍の攻撃によって地球全土は放射能に侵されていた。人類が地球を放棄し、限られた人々を宇宙の流民として送り出そうとしていた時、イスカンダルから放射能除去装置をとりにくるようにというメッセージと、14万8千光年の旅を可能にする光子力エンジンの設計図が届く。人類は250年前の戦争で海底に沈んだ戦艦大和を、ワープ航法によって長距離を短時間で進むことのできる宇宙戦艦に改造。最後の希望を託して、イスカンダルへと送り出した。ヤマトの乗員は皆、ガミラスから地球を守るために組織された地球防衛軍の軍人であり、戦うことをその使命としている。

『宇宙戦艦ヤマト』に描かれている人類の状況は、そのように絶望的であったにもかかわらず、ヤマトの乗組員には悲壮感も絶望感もあまり感じられない。期待と希望に満ち溢れた多くの若者たちで構成されている乗組員たちの様子には、修学旅行的な気楽さと明るささえ感じられる。もちろん乗組員たちが戦わないわけではないし、むしろ明確な目的意識をもって戦闘を遂行する姿が随所に描かれているし、戦闘機の乗員が死んでしまうシーンさえあるのだが、それらを見てなお、当時子供だった僕らは「なんか楽しそうだな」と感じていたりした。まぁ基本的には少年向けSF冒険活劇漫画であるのだから、悲壮感や絶望感が前面に出ているようでは逆に困るが。

ヤマトの旅は、その駆動系の性能さえ未知数の船による、まったく人類が経験したことのない旅である。しかしすでに、人類に残された希望はそれしかない。もともと、ヤマトは、生き残った人類の一部を宇宙に送り出すために改造されていたものだ。地球上で全滅するくらいならば、宇宙の流民となっても人類を残す。そのための船だった。つまりノアの方舟。ヤマトに乗り込むことに、多くの兵士にためらいはなかっただろう。そもそも、このままではいずれ死を待つばかりなのだから。わずかでも可能性があるのならば、その可能性を信じて動いている方が、その可能性の渦中で我に帰る余裕もなく動き回っている方が、絶望に打ちひしがれて膝を抱えて丸まっているよりも楽なのは間違いない。それは、先の見えぬ困難な旅の選択ではなく、なすべきことがまだあると信じられる希望の道、楽な道の選択だ。そしてその軍人たちは、地球に残した人々を救うという大義のもと、ヤマトという希望の船に乗り込んで、宇宙のフロンティアへ向けて旅に出た。

果たしてこの旅は、誰かを守るためのものだったのだろうか。そうではなく、自分を絶望から救うための旅だったのではないだろうか。だからこそ、そこにあるのは悲壮感や絶望感よりも、むしろ期待と希望であるように当時の視聴者である僕らの目には映ったのではないか。もちろんそのこと自体が悪いことであるとか、不謹慎であるとか、そういうことを言いたいわけではない。僕らはむしろそこに期待と希望があるからこそ『宇宙戦艦ヤマト』が大好きであったし、今でもその気持ちは変わらない。どんなに悲惨な状況にあっても（事実、『宇宙戦艦ヤマト』に描かれていた地球の状況は、他のＳＦアニメにもあまり見られないほど悲惨で絶望的である――だって、番組の最後に「地球の滅亡まであとｘｘ日」って毎週テロップとアナウンスで警告されるわけでね）、仄《ほの》かにしか見えなくても希望がありさえすれば、人間はそれをよすがとして生きていくことができる。

しかしながら、大人になりすぎた初老の僕らが感じるのは、むしろそのこと自体が持つ危うさの方である。宇宙戦艦ヤマトは確かに地球に戻ることができ、地球を守ることができたが、ストーリー中にも描かれている通り、このプロジェクトが成功する確率は極めて低かったと考えざるを得ない。たとえ強力な波動砲という兵器を搭載していたとしても、わずか1艦である。ガミラスは強大な軍事国家として描かれており、到底1艦で倒せるような（もしくは切り抜けられるような）相手ではないと考えるのが常識的判断であろう。そしてさらに、もしも「宇宙戦艦ヤマト」に軍部や政府が少しでも期待しているなら、熟練の乗組員を配置するのではないだろうか。艦長と軍医、それに機関長と工場長は別としても、その他のほとんどが二十歳そこそこの若者が中心というクルー構成で、このような重要かつ困難な任務を遂行できるとは普通思わないだろう。艦搭載ロボットが1台だけというのも不思議だ。まさか、ヤマトのプロジェクトが「あまり期待されていない」ということの表現ではないだろうが、その可能性を考えると、ちょっと怖いと感じる。

なぜなら僕らは、太平洋戦争の末期に出撃した本当の「大和」と「武蔵」のことを少しだけだが知っているからだ。この2艦の最後の出撃は、軍部においては「大きな戦果をあげることはまったく期待されていない」ものだったと考えられているようだ。つまり象徴的出撃。もちろん「波動砲」ほどの威力は無いが、46cm主砲3基9門を備え「不沈戦艦」と考えられていた巨大戦艦への当時の日本人の「期待と希望」は大きかったであろうと推測される。また、当時の日本の政府首脳や軍幹部がわずかでも期待を持っていたとするならなおさら怖いが、それは「ヤマト（宇宙戦艦のほう）」を送り出した地球防衛軍の幹部の気持ちとどう違うのだろうか。しかし現実の「大和」「武蔵」のほうはといえば、どのように強大な戦艦であろうが、わずか2艦の存在で戦局が大きく変わるはずもなかった。現実においては、大きく膨らんだ期待と希望は、多くの場合、実現しない。

期待と希望を持つことはとても大事であるし、人間が生きていくうえでなくてはならないものだとさえ感じる。しかし、本当はそのことを信じていない人たちがただ煽《あお》るためだけに希望を語ったり、期待を演出したりすることに、敏感にならなくてはならないと感じる。人は、絶望にふりかけられた期待と希望という少々のスパイスによって、自ら戦争に行くことを志願してしまったりする存在である。状況が絶望的であればあるほど、人は、小さな希望にすがるようになる。だから、政治家や軍人は、「危機的状況です」「存亡の危機です」「この法律を通さなくては、国民の生命財産を守ることはできないんです」と叫び、不安を煽り、そのあとに希望を提示する。そういう彼らの常套手段に、私たち一般人はこれまで世界中で何度となく騙されてきたではないか。そうして鼓舞された「戦うキモチ」が、もしも嘘によって誘導された結果としての気持ちであるなら、それに踊らされて敵（っていっても同じ人間だよ？）を殺したり、また自らが死んでしまうことなどあってはならないと、僕らは思っている。

ぼくらの

「健気」にも自分を納得させて戦いに出てゆく特攻少年たち

『ぼくらの』の登場人物である子供たちがおかれている状況の悲惨さは『宇宙戦艦ヤマト』に比べても遜色ないのだが、その健気《けなげ》さは、特筆に値する。その子供たちが、ただのロボット対戦ゲームだと思って始めた戦いは、この世界の存亡のかかった、降りることのできない現実の戦いだった。

作中での巨大ロボット「ジアース」に乗り込んで彼ら彼女らが行う戦いは、負ければこの世界が滅びる、勝てば自分が死ぬ、という戦いである。ジアースは搭乗員の命を動力源としていたからだ。つまり、いずれにせよ戦った子は死んでしまう。ジアースに乗ることを自ら契約してしまった子供たちは、契約した時点で戦って死ぬことが決まってしまっている。短いサイクルで次の搭乗が決まり、出撃すれば、勝っても負けても自分は死ぬ。負ければ、世界を道連れにすることになる。勝てば、次の戦いまで世界は生きながらえることができる。少なくとも、そう信じ込まされて、子供たちは戦いに臨む。

もちろんこれは、祖国を守るために自分の命を国に捧げ、戦いに捧げた、太平洋戦争時の日本軍の作戦である「特攻」と同様の構図を持っている。ただし「特攻」は、それが成功しても直接には「日本を存亡の危機から救う」ことにはつながらなかった可能性があるというという点で、『ぼくらの』での戦闘のほうが明確に「あれかこれか」という選択肢を示している。それは「勝って、国を守って自分の命を失う」か「負けて、国が滅びて自分も死ぬ」かという選択肢である。その意味で、『ぼくらの』における子供たちの戦闘は「特攻」の意味の本質部分のメタファーであると考えることができる。もちろん「神風特別攻撃隊」で出撃した兵士たちの気持ちを完全に理解することなど到底できないが、「祖国を守るために自分の命を国に捧げる」と考えていたと推測されるからである。

いつの時代でも、また、どの物語でも、自己犠牲は美しい。自己犠牲は、「意志の発現」の最たるものであるからである。特にその自己犠牲が、多数の人間や国や人類を守ることと引き換えに行われるとき、その美しさは極まる。『ジャイアントロボ』の最終回では、ロボは大作少年の命令に背《そむ》いて敵のボスである「ギロチン帝王」を抱えたまま隕石に突っ込んで爆死するし、『攻殻機動隊S.A.C 2nd GIG』の最終回「ENDLESS∞GIG」では、タチコマ（人工知能搭載の多脚型戦闘ロボット）たちは、草薙少佐の命令を無視して自分たちの人工知能システムの本体が格納されている人工衛星を盾に使って核爆弾の地球への投下を阻止し、爆死する。どちらも僕らの胸の奥に深く刻まれている感動的な最終回だ。

しかしそれは最終回であるからこその自己犠牲であるのであって、『ぼくらの』では、その自己犠牲が毎回とは言わないまでも二話に一回発生する。順番は決まっておらず、ある戦闘が終わると次の戦闘者が指名される仕組みだが、誰かが負けない限り（負ければその世界が消滅してしまうので）最後の一人まで必ず続く。つまり作中では、「当然起こること」であり、比較的普通のことである。自己犠牲の典型として「特攻」と、『ジャイアントロボ』『攻殻機動隊』をあげたが、実は『ジャイアントロボ』と『攻殻機動隊S.A.C 2nd GIG』の最終回におけるロボとタチコマの自己犠牲的行動よりも、『ぼくらの』のほうが「特攻」に似ているのは、この点である。「特攻」は、一度志願してしまえば、いつか自分にその順番がまわってくるということははっきりしていた。ロボとタチコマの「特攻」はそうではない。あくまでも突発的かつ自発的に行われる自己犠牲である。一方で、「特攻」は、志願制をとっていたとしても、やはりそれは作戦であり、命令である。いつ出撃するのか、それは自分にもわからないし、命令が下れば逃れることは出来ない。例えば、自機の状況を把握した上で自爆的行為を選択することと、それを強要されることとは全く異なることなのだ。それを同じことのように語るトリックに踊らされた若者たちが、この国には多くいた。『機動戦士ガンダム』では、登場人物のスレッガー・ロウ中尉が、敵であるジオン公国のモビルアーマー「ビグ・ザム」に特攻（つまり自爆攻撃）をかけて死ぬが、これは作戦でも命令でもない。旧日本軍の特攻との違いは、それがあらかじめ計画されたものではないということであり、スレッガー・ロウ中尉の「自爆攻撃」は、ロボ、タチコマの特攻と同じである。繰り返しになるが、『ぼくらの』の戦いは「特攻」と同じ構図を持っている。それは、制度としての自己犠牲という構図である。

ここに矛盾が存在する。「制度として」強要されたものであるなら、それはもはや自己犠牲ではなく、「自殺攻撃」「自爆攻撃」の強要ではないのか、と。しかしよく考えてほしい。自爆攻撃を命じられたとしても、それを受け入れることができなければ、実際の具体的行動は難しくなる。当日の朝にお腹が痛くなってもいいし（僕らならたぶんそうなる）、出撃してから逃げてもいい（もちろん、そう都合のいい逃げ場所などありはしないのだけれど）。そもそも、確実な意思の力に裏打ちされなければ、特攻がうまくいくはずもない。だから、命令を起因とする特攻であっても、当然、覚悟をすることになる。

もちろん、僕らの先人である人たちがそうしなかったことを僕らは知っている。そもそも逃げられない、そして、逃げようとも思っていない。だって、生まれた時から日本は戦争をしていたんだから。たとえば、１９４５年の初夏、特攻をした17歳の若者は一体いつ生まれたのだろう。物心ついた頃には、日本は中国大陸に侵攻し、そののちアメリカに対して宣戦布告する。例えば、自分の妹が身売りしなくてもいいように、自分のお兄さんが自分のことを気に病むことがないように、そう思って志願した軍隊が、あまりにも無益な作戦を指示する。

日本の将来を担う多くの若者たちが、日本の今を救うためと使役され、無意味な特攻に命を落としていった。正直言って僕らは思う。それくらいならば、敵国アメリカの捕虜となり、アメリカで各々の才能を開花させる方が、全然いいじゃないかって。日本なんてものに殉じたって、所詮、靖国だけ。でも、日本のどれほどの若者が、自分が死んだら神になれるって思ってたろう。そんなおごりたかぶった日本人が、あの時代、いたとは僕らには思えない。お父さんやお母さんや兄弟や姉妹や、もしかしたら心寄せる女性のことを思って特攻に出向いた僕らの先人である日本人が、「神になる」ことを望んでいたり、想定していたりしたとは、僕らには到底思えない。そこに「靖国」の欺瞞を僕らは感じる。

そのような極限状況が現代に生きる人たちに訪れることはないとは思うし、あってはならないとも思うが、もしもそうなったら、僕らは覚悟できるのだろうか。そしてもしも「覚悟」するとき、そのキモチはどんなものになるのだろう。逆に、「覚悟」できないとするなら、そのキモチは何なのだろう、と僕らは考えてしまう。そのとき、自分の「戦うキモチ」をしっかりと見つめることができるのだろうか、と。

前述のように『ぼくらの』での戦う子供たちは、健気であり、自分がおかれた状況に、真摯に直面する。自分の「戦うキモチ」を十分に吟味し、納得し覚悟して戦闘に入っていく。それをここでは「健気」という単語で表現している。しかし、この健気さは悲しい。なぜなら、本来その子供たちに要求すべきものではないからだ。

子供はある程度わがままでいいし、理屈を超えた存在でいい。子供が大人の言うこと全てに完全に従うのなら、この社会は停滞する。大人は、長年生きている知恵で、子供のわがままや理不尽な要求を、ときにいなしつつ、ときに拒絶しつつも、そのような若年者の要求によって社会がよりよい方向に変化していくことがあると知っているし、事実、そうである。若者や子供に単に迎合する馬鹿な大人もたくさん存在するので、表面的に「理解している」と言う大人がすべて信用に足るわけではないし、大人というものの大半は愚か者なので、判断は難しいが、ちゃんとした大人であれば、そういうことや人をきちんと見極められるものだ。

一方の問題は「ちゃんとした大人」が少なくなっている、ということであるのだが。蛇足だが、この問題の面倒な点は、知識人を標榜していたり、大学の教員であったり（僕らのことだ）という肩書だけから判断することが難しくなっているということである。本書の範囲を逸脱することなので簡単にしか言えないが、愚か者とそうではない者の判断基準は簡単で、「何をしようと考えているのか」もしくは「どのような社会を好ましいと思っているのか」ということを明示している者と、そうでない者との違いである。さらに蛇足だが、愚者は目的を明示しないままに何かを論じた気になるらしい。いっぱいいるよね。

『ぼくらの』では、必ず死ぬという戦いを前にして、子供たちは自らの生と死の意味を振り返る。そうして、死に向かう心構えをしていく。その姿の中には、批判可能な、あるいは揶揄《やゆ》することが可能なような何かは微塵も存在しない。そこには、人のために死に向かうことを決意した真摯な姿があるだけだ。そしてむしろその批判不可能性こそがここでの問題である。もちろんそのような真摯な若者の姿は美しいし、だからこそ『ぼくらの』という物語は素晴らしいのだと感じる。しかし、そこで見失ってはならないのは、子供たちを契約へと騙して連れ込んだココペリという存在だ。あるいはこの戦闘システム存在そのもの。その存在がなければ、子供たちは、短期間の間に自らの死と向かい合い、そして本当に死んでいく必要などなかった。このシステムを子供たちに強要した側のことを考えてみるとそれはよくわかる。彼らは、自分もしくは自分の所属する世界が存在しつづけるために、子供たちに死ぬことを強要している。ココペリもそうだし、作中で戦闘を仕切る役である宇宙人「コエムシ」だってそうだ。そう、それは悪いことではない。誰だって自分が存在しつづけることを願い、そのためには何だってする。そしてそのために、本来何の責任もないはずの子供たちを奇妙なゲームに巻き込むことだってするわけだ。作中でココペリは、よくわからない理屈を述べつつ、反省も謝罪もする。しかしその中心にあるのは保身でしかない。私たち人間はこうして不幸を拡大再生産していく。ここでいう不幸とは、自分の人生や命に直面し、そのことを真摯にとらえ、考え、判断しなくてはならないという状況に追い込まれたことをいう。もちろん誰でもそのような状況になることはあるし、対処法を学ぶことに意味がないわけではない。しかしそれは、ゆっくり時間をかけて学べばよいものであり、10代において性急に要求されるべきものではない。僕らは50代の老人で、もう人生からはいろいろな利得を受けた側だから、もちろんその覚悟はあるのだが、それでもちょっとは怖いわけで。だからそれを（少なくとも）40歳よりも前の若造に要求するのは酷だなと感じるし、当然、10代の子供たちには要求できないと感じるし、なにより、要求すべきではない。

その姿は健気で美しくとも、子供は別に健気であったり美しかったりする必要はない。人に70年の生きる時間が許されているのならば、70年の時間をかけて向き合えばいいものがある。それをたかだか15年や20年しか生きていない者に直面させ、その結果生み出されたものを美しいと、純粋だと、褒《ほ》めそやし高く評価するとき、そのように褒め評価する者の言葉は、生きている自分の後ろめたさの贖罪を求めるためのものにしか見えない。あるいはより一層の作為と悪意による保身だ。自らを守るために若者に死を求める存在、制度、そこに生きる「大人」たち。『ぼくらの』の戦う子供たちも、特攻隊の若者たちも、もちろん健気で美しい。しかしその背後にある制度や仕組みをもたらしたものは、往々にして醜悪であったりする。僕らは、その前面の美しさより、背後にある醜悪さのほうに目がいってしまう。

仮面ライダー

支配の魔の手から人間を救う！ただし昭和から平成へ、ライダーは変わった

仮面ライダーは、改造人間による世界征服を企むショッカーと人知れず戦っていた。主人公である本郷猛は、彼自身ショッカーによる改造人間だった。その優れた知力と体力に目をつけられショッカーによって改造されたが、その頭脳を改造される前に逃走に成功、人間本郷猛の意識を持ちながら、強化された身体能力を持つ改造人間仮面ライダーとなった。

本郷猛自身は、改造され、人間ではない体になってしまったことに負い目を感じている。自身

が仮面ライダーであることを隠すのは、それを恥だと感じているからだ。そこにあるのは、「私はこんなものではない」という気持ちである。それは、多かれ少なかれ人間であれば誰でも持っている感覚である。「私の本質」は、どれほどつぶさに自分の内部を観察しても得られるようなものではなく、自分自身にとってさえとらえどころのないものである。しかし社会の側は、「私」を「〜である」（たとえば僕らのことでいえば、男であるとか、教員であるとか、妻帯者であるとか）という存在として、いわゆるラベリングを行う。しかし社会の側が個人に付与するラベルは、自分自身が漠然とながら理解していると感じている「私の本質」とは常に食い違う。ましてや、秘密結社の手によって身体改造を施《ほどこ》されてしまったのであれば、その思いは極端に強いものとなるだろう。そもそも「私は私ではないものに改造されてしまった」のだから。

しかし、ショッカーの怪人と戦うためには、改造されたその身体能力こそが必要になる。ここに彼が抱える根本的な矛盾が存在し、それによって自己疎外が生まれてしまうことになる。「私はそんなものではない」というわけだ。（社会の側から見れば）仮面ライダーの本質はその身体能力・戦闘能力の高さであり、また自らもその能力を使ってショッカーと戦うのだから、自分が拒否している姿こそが、社会の側から見た自分自身であるということになってしまう。だからこそ、本郷猛は、それを誰にも知られてはならないと考えている。そして、人間を守るための孤独な戦いを人知れず続けることになる。

このモチーフがより色濃く前面に出ているのは『新造人間キャシャーン』である（もちろんア

ニメ版）。キャシャーンは人間とロボットの融合体であり、敵であるロボットの集団「アンドロ軍団」と戦っている。ストーリー中で、キャシャーンが生身の人間ではないことが知られてしまい、そのことによって人間たちから敵視されることになる。つまり、キャシャーンは、人間をロボットから守るために戦うのだが、その人間からも「ロボット」として扱われてしまうという不幸な身の上である。そして、自分は何であるのか、自分は何のために戦うのか、について悩むことになる。一方で、仮面ライダーは正体を知られていないので、人間たちから石つぶてで追われるようなことはないが、悩みは同じである。

本郷猛をショッカーとの戦いに駆り立てるのは何か。もちろん、戦いの目的は、人類をショッカーから守るということであるが、その動機となる戦うキモチがここでの問題である。それは、たとえば自分の体を改造して人間ではないものにしてしまったショッカーに対する復讐心のようなものではないと感じられる。

ショッカーという組織の目的は明確であり、まぁこの種の特撮・アニメではありがちな「世界征服」である。世界征服とは、世界を自分たちの思うままに支配しようと目論むことであろうが、この目的は、実は人間が基本的に持っている感情に根差している。人間は、自然を支配し、制御しようと努力しつづけてきた。この「自然支配」という目的は、科学の基本的動機でもあるが、その対象は、自然にとどまらず、社会や人間をも支配しようとするようになる。その最たるものがナチス・ドイツであると考えられる（ちなみに、ショッカーをナチス・ドイツの残党だとする設定もあるらしい)。社会を支配するというのは結局のところ世界征服であり、人間を支配するというのは人体改造(改造人間)ということになろう。つまり、ショッカーという組織は、人間が基本的に持っている「自然支配」の延長上に発生した秘密結社である。

しかしながら、仮面ライダーとショッカーとの戦いは、実は、ウルトラマンなどの巨大ヒーローものと較べると、かなりこじんまりとしている。一歩歩いただけで、ガスタンクひとつを踏みつぶしてしまうような巨大怪獣と違って、ショッカーの改造人間はあくまで等身大だ。その悪事の働き方も、人知れず密かに行われていくもので、簡単に言うと「セコい」。それに対する仮面ライダーの戦いにも派手さはない(「ライダーキック」って、まぁ普通の暴力だし)。この町のある一角で人知れず怪人とライダーはぶつかり合い、ライダーは怪人を蹴って倒す。ウルトラマンやウルトラセブンと怪獣・異星人との戦いが、侵略者と地球の軍隊との戦いであるならば、仮面ライダーと怪人の戦いは、所轄《しょかつ》警察と犯罪者の戦いのようにしか見えない。仮面ライダーは人類の自由を守るために戦っているのだが、それが守っているのは、案外に狭い、自分の日常生活の範疇にあることだ。つまり、等身大のヒーローは、等身大の範囲の人間の自由を守るために戦っていて、その目先のことしかで戦うことが出来ない。世界侵略を画策する悪の組織と戦うという大言壮語と、街の一角での地味な戦いのギャップがそこに見られる。

しかしそれは、本郷猛の戦うキモチからすればむしろ当然のことなのかも知れない。ショッカーに敵対する本郷猛の気持ちの中心には、自然支配に対する徹底的な抵抗心があると感じる。換言するならば、あらゆる意味での人間の自由を奪う存在への憎悪と怒りである。つまり仮面ライダーは「自由の戦士」であり「解放者」である。解放者である以上、本郷猛は一人一人の人間たちを解放していかなくてはならない。つまり、敵を倒すことが目的なのではなく、個人を救い、束縛から解放することが目的なのだから、当然その行動は警察行動に近いものとなる。それに対して、ウルトラセブンでは、まだ異星人に支配されていない状態（侵略を受け始めた状態）であるわけだから、解放の構図は出てこないし、戦闘の主体は軍隊が担うことになる。ちなみに、戦うキモチを考える上で、その直接的な戦いが「軍事行動・防衛出動」なのか「警察行動」なのかは、とても大きな意味を持っていると僕らは考えている。この二つは具体的なシーンとしては似たようなものになる場合も少なくないが、その背後にある気持ちは、異なるものである場合が多いからだ。もちろん解放軍という名目のもとで軍隊が侵攻する場合もあるけれど、まぁだいたいの場合詭弁だ。おおまかに言って、警察行動とは個人を守ることを指し、軍事行動とは国家を守ることを指す。そのとき国家とは「国民の集合」なのだから一人を守ることと同じだ、というのは嘘である。

仮面ライダーに代表される石ノ森章太郎のコミック作品の多くには、この「支配からの解放」の構図が含まれている。もちろん支配とは、単に社会的な支配のことばかりではない。人間の身体を制御するということも、また、人間の精神を制御するということも、その中に含まれる。本郷猛は、身体は改造されたが、精神までもは改造されなかった。しかしその他のショッカーの改造人間は、身体も精神も改造されてしまい、ショッカーに忠誠を尽くすように支配されている。そのような人間の尊厳を冒瀆する行為に対して、本郷猛＝仮面ライダーは抵抗する。僕らが子供の頃に仮面ライダーに熱狂したのは、この、支配への抵抗という「戦うキモチ」であったのだと感じる。しかし一方で、GoogleやAppleやAmazonなどという新しいタイプの組織が発生し、市場を独占しようとしたり、支配しようとしたりもしている。さらに言えば、僕ら自身、その支配をむしろ望んでいたりもするわけで、子供の頃に学んだはずの教訓は生きないものだなとさえ感じる。

ただし、平成仮面ライダーのシリーズにおける構図は、昭和期仮面ライダーのそれとは随分異なっており、そこに「支配からの解放」というモチーフは見られない。たとえば『555』の主人公の乾巧は、典型的な平成ライダーだ。成り行きで仮面ライダーになり、戦う目的もないままに戦う。途中では戦う意志を失い、変身ベルトを木場勇治に預けてしまったりもする。つまり、乾巧には戦うキモチはなく、そもそも戦う理由さえ希薄である。もう一人の主人公木場勇治は、内面的には昭和ライダーだ。ただし、番組の中では「はぐれオルフェノク」である。死んだ人間が再び覚醒した怪人オルフェノク、交通事故によって一度は死んだ木場勇治は、オルフェノクとして再生する。しかし、怪人となり、一度は人間を襲ってしまった木場は、それでも人間であった頃の心を保ち、人間であり続けようとする。つまり、「改造されてしまって、既に人間ではなくなってしまっても、人間であり続けようとする」苦悩を昭和仮面ライダーと共有している。

『555』は乾巧と木場勇治のふたつのグループを中心に様々な人間、様々な思惑が絡んで展開する群像劇となっているのだが、そこでは、最終回に至るまで、何が正しくて何が間違っているのかについての明快な価値観の呈示は求め得ない。昭和期仮面ライダー本郷猛にとっては、人間の自由は絶対的な価値であり、自由を束縛し、人間を拘束し、ましてやそれを自分の意のままに操ろうというような考えが許せないものだったということに比べると、随分な変わりようである。

『クウガ』から『555』に至るこの初期平成仮面ライダーシリーズは、価値の相対化した現代において特撮ヒーローものは可能なのかを問い続けたわけだが、逆に言うとそこには、戦う理由がなくても、また、戦うキモチを持っていなくても、武器と力さえあればうっかり戦ってしまうという、奇妙な血なまぐささが漂っている。正義は相対化され、価値観は人それぞれのものであり、人の個性はどこまでも尊重されるべきで、重要なのは自己決定することだという、いわゆる「ポストモダン的」な状況の中で人間はどう戦うのかという問題を提示しているのだと言えば体裁はよいが、まぁ単純に考えれば暗中模索といったほうが妥当なのかも知れない。もちろん、そうした面倒くさいテーマは、昭和ライダーには存在しなかった。

「自由の戦士」「解放の戦士」たる昭和ライダーの戦いは、だからこそ、地味に一人一人を救済していくものとなるのだが、解放されるべき対象が見当たらない平成ライダーは、戦う意義を見失ったようにも見える。「一人一人を解放する」ということと「ある個人を解放する」ことは、似ているけれども別のことだからだ。昭和ライダーは前者で、平成ライダー乾巧は後者だが、後者のほうが戦うキモチの本質ではないかと、実は僕らは思っている。

美少女仮面ポワトリン
美少女戦士セーラームーン
プリキュア

せっかく「強い力」を与えられたんだから戦う、というキモチの希薄さ

仮面ライダーの戦いから、改造人間という悲壮感を取っ払ってしまったらどういうことになるのか、そのことに果敢に挑戦して成功を収めたのが『美少女仮面ポワトリン』だった。

１９９０年、バブルの気分も頂点に達した頃、美少女仮面ポワトリンは僕らの前に登場した。

17歳の女子高生村上ユウコは、お参りに行った神社で神様（まぁ僕らと同世代の人じゃないとピンと来ないと思うけど、この神様役は映画監督でもある鈴木清順！）と出会い、ご町内（とついでに宇宙）の平和と安全を守ることを約束させられる。無理やり押し付けられた割には根が真面目なのか、ご町内のパトロールに出かけるユウコだが、出かけてみると次々とおかしな怪人が現れる。彼女は結局、ポワトリンに変身してご町内の平和を脅かす怪人と戦っていく。ユウコにとってポワトリンとなって戦うことは、宿命でもなんでもない。偶然神様の上に鈴を落としてしまい、偶然彼女の腕力を神様が見込んで、偶然神様は胃カタルでしばらくご町内の安全を誰かに代わって守ってもらいたかった、そんな偶然が重なっただけだ。さらに言えば、平和を守るスーパーヒーローになるんだ、という神様の口車に乗せられて、ていよく押し付けられた、というところだ。にもかかわらずユウコはといえば、ポワトリンとなったからにはご町内のパトロールをしなければ、と、率先して、押し付けられた仕事を引き受けている。

ヒーローが平和や自由を守ろうと戦いはじめるためには、誤って人を殺してしまったとか、改造されて人間ではないものにされてしまったとか、彼をしてその方向へと向かわせるそれなりの事情があった。けれども、ユウコにはそれがない。降って湧いたように、うっかり、ヒーロー（ヒロイン）になるチャンスがやってきただけだ。そして、ヒーロー（ヒロイン）であるならばどのように振舞わなければならないかという規範は、すでにユウコの中に形成されていた。1990年までには、すでに数多くの巨大だったり変身したりするヒーローがテレビや漫画の中にはごまんといたからだ。

しかし、思い返してみれば、ヒーローなんていつも降って湧いたようにやってくるものでしかない。仮面ライダー本郷猛にとって、自分の意に反して改造人間にされてしまったことは、猛自身にとってどれほど衝撃的なことであったとしても、視聴者から見れば、所詮降って湧いたようにヒーローになり悪を蹴散らす「カッコいい奴」としか見えないのだから。そうでなければ、子供たちが仮面ライダーごっこなんてやるはずがないのだから。

また、「なってしまった」という悲哀も苦しみも、当時の視聴者には伝わってはいなかった。伝わっていたのは、ヒーローなんて、突然誰かがなるものなんだ、という構図だった。仮面ライダーの悲哀なんて、僕らが随分大人になってから、考えて、やっと理解できたものであって、当時はそんなこと微塵も感じていなかった。だからユウコも、ポワトリンになることを難なく受け入れることができたのだと思う。今でいえば、「AKB48のメンバーになって」といきなりオファーされたような。そして、ヒーロー（ヒロイン）になったからにはその使命を果たすという切ない感じも似ている。

この『美少女仮面ポワトリン』には、それ以外にも多くの特徴があるのだけれど、特筆すべきは「決めゼリフ」である。ポワトリン以前の特撮やアニメにも決めゼリフはあったが、のちのセーラームーンにつながる形式美を伴うようになったのは、ポワトリンが端緒である。「愛ある限り戦いましょう、命燃え尽きるまで」「たとえ宇宙が許しても、この美少女仮面ポワトリンが許しません（第1話でのセリフ）」というわけだ。

ただし、「月にかわっておしおきよ！」というセーラームーンの決めゼリフに比べて、ポワトリンのものは、一枚も二枚も上を行っている。ポワトリンの「たとえ正義が許しても、この美少女仮面ポワトリンが許しません（第2話）」である。凄いと思うのは「たとえ○○が許しても」の○○の箇所には、様々なものがはいる。凄いと思うのは「正義が許しても」許さないというのであれば、自分は正義を越えた存在だということになってしまう。もちろんこの○○の箇所は、それぞれの回のストーリーに合わせてあり、たとえば第17話「消えた鯉のぼり」では「都立上野動物園付属水族館が許しても、この美少女仮面ポワトリンが許しません」となっている。まぁ、決めゼリフとしてもわけがわからないし、言われたほうの敵の感想としては「はぁ？」もしくは、ポカンだろう。

これは if-then 関係の論理でもないし、反実仮想文（哲学の文脈における「反事実的条件法」）でもない。まず「条件の前件部」が「ならば」ではなく「でも」であるから、そもそも条件文の定義を満たさない。「Aであっても」という文は、条件ではなく例示であって、そのA以外の叙述が成立してるかどうかとは関係ない。だからその位置には、どんなものでも置くことができるのだが、それは後件部である「この美少女仮面ポワトリンが許しません」ということの理由にはなりえない。つまりそこに論理はなく、単なる宣言でしかない。

ポワトリンのこの決めゼリフが興味深いと思うのは、いわゆる「自分基準」を徹底していると感じられる点である。ちなみに「自分基準」は決して悪いことでも、責められるべきことでもない。誰でもが最終的には自分の価値観や正義に照らし合わせた判断を行うのであり、そうでないとしたら、そのほうが問題である。しかしながらそれは、自己中心的な価値観を持っていてもかまわないという意味ではなく、社会とのせめぎ合いの中で、自分の価値観や正義の基準を切磋琢磨している必要があるということだ。もしもそのような切磋琢磨を怠るのであれば、人は簡単に「ジコチュウ」に陥ってしまう。

ところでこのポワトリンが第1話で助けたのは、怪人に襲われてスタンガンで攻撃されていた自分の弟だった（「スタンガンで攻撃」って、それなら何のために怪人になったのかなって思うけど）。ご町内の平和を守るポワトリンの面目躍如たるところだが、世界征服をたくらむ帝王ディアブルが復活したのち、ポワトリンはそれなりに壮大な戦いの中に巻き込まれていく。そして「ご町内」からはじまり「全宇宙」へと広がっていくという流れは、こののちの美少女戦士ものの定番ストーリーとなった。さらにそこには、そののち『涼宮ハルヒの憂鬱』などに代表されるいわゆる「セカイ系」と呼ばれる一連の作品に共通するストーリーの萌芽を見ることができる。

ポワトリンに続いて、もう一人の少女にもヒーロー（ヒロイン）の座が降って湧いた。それが月野うさぎ＝セーラームーンである。ある日、額に三日月マークのある人語をしゃべる猫が目の前に現れて、彼女はセーラームーンになる。ポワトリン同様、降って湧いた戦うヒロインの役割を引き受けたうさぎは、街に次々と現れる妖魔を倒していく。改めて語るまでもないだろうが、このご町内の平和を守る戦いは、後には、前世と未来、月と地球の存亡をかけた宇宙規模の戦いへと発展していく。まもちゃんとうさぎ、プリンセスセレニティとエンディミオンの恋愛沙汰が世界の存亡をかけた戦いへと直結する。

これらのストーリーの進行は、美少女戦士たちの戦うキモチを考えるうえでのヒントとなる。まず、ご町内警備における彼女らの戦うキモチは、前述の通り「頼まれたから」というとても希薄なものでしかない。つまりそこには戦うキモチや戦う動機、また、戦う理由と呼べるようなものはほとんどなく、単に、身近な人を危機から救う、とか、ついでに悪者を懲《こ》らしめる、という程度のものだ。つまり日常の延長にある。基本的にポワトリンもセーラームーンも、(当初は)困難に直面すらしていない。改造人間にされたわけでもないし、うっかり誰かを死なせてしまったわけでもない。いたって普通の、むしろ恵まれた生活を送っている。そしてその環境そのものはほとんど変化しないまま、美少女戦士となる。

だから、彼女らの戦うキモチは、その場その場での「自分基準」によるものとなりがちである。前述のようにそれは悪いことではない。いじめられている子が目の前にいるとき、それは悪いことだと自分は思うのでそれを制止するということだからだ。そのとき、何が正義であるのかとか、人それぞれの価値観があるとかなどとごたくを並べるのは、とても下劣なことだとさえ感じる。困っている人がいたら助けるのが正義の本質的な基準であり、それを否定する論はすべてくだらない。しかしながらまた、その自分の行動が適切なものであったかどうかは、常に反省されなければならない。それが自分の価値観や正義を切磋琢磨していくということである。この過程を繰り返していくなかで、陥りやすい罠がある。切磋琢磨を続けるのは面倒だ。圧倒的に愚かであったり悪いと感じられる他者とも対話を続けなくてはならない。そういう面倒なことがまったく不要な究極の正義とか、究極の正しさとか、そういうものを手にすることができれば、その面倒から解放されるはずだ、と考えるという罠である。実は、過去においては、多くの哲学者がこの罠にハマった。「真理」を手にすることさえできれば、「究極の基礎となる論理や事実」を知ることができれば、その伝家の宝刀によって相手を論駁できるのではないか、また、そうするべきではないのか、という誤った考え方である。

もちろん、美少女仮面や美少女戦士は哲学者ではないので、それを求めるわけではない。しかしながら、「自分基準」を追求した果てに彼女らが到達したのは、その正統性であると思えてならない。特に、この正統性を、生まれ変わりという奇妙なレトリックによって裏打ちするのがセーラームーンである。そもそも、あらゆる文脈において、正統性の議論はすべて胡散臭《うさん》い。前世でどうだったとか、別の世界で何者だったとか、百年前の世界でどうだったとか、ということは、（まぁそれを一万歩ぐらいゆずって認めたとしても）この現代の世界での正しさを何も担保しないはずだ。簡単に言えば「知らねぇよ、そんなこと。今の世界のことだけで話してくれよ」だ。

さらに一歩（というか十万歩ぐらい）進んで、「この世界は主人公が作ったものだ」となると、もうお手上げである。『涼宮ハルヒの憂鬱』ではそのことが随所に示唆されており、いわゆる「セカイ系」の、もはや教典的とも言える作品であるが、その設定自体は、古くは、さくらもこの『コジコジ』にも見られるものである。主人公が生み出した世界なのであるから、正統性は万全である。

ここで、女性は「世界を守る存在」であり、男性は「世界を創る存在」であるなどという紋切型の論を展開するつもりは毛頭ないし、そのような論は端的に間違っている。そのような論や主張は、女性が家庭を守り、男性が外に出て働くという性役割の議論に基づいて行われることが少なくないが、むしろ、そのような価値観を維持・保持しようとする社会的な圧力が存在して、女児向けのアニメやコミックがその影響下にあるという主張のほうが、まだ少々は理解できるが、それも間違っている。僕らがここで言えるのは、少なくとも、ここ十数年間において、女児向けの戦闘少女ものの特撮・アニメに描かれている「戦うキモチ」は、日常生活の中における共感を基礎とする正義感であるということであり、そしてまた、この正義感を裏打ちする何かを模索しなければならなかった、ということである。その意味では、最初から贖罪や解放や排他という動機を持っている男児向け特撮・アニメのほうが特殊であるのだとさえ言える。戦う理由は、戦うという自分の行動を正当化し、自分を納得させるために必要なのであって、「戦うキモチ」とは異なる。そもそも戦うキモチの無い（かもしれない）主人公に戦わせるために、理由を作り、動機（つまりキモチ）を設定するのが、アニメや特撮やコミックである。私たちは、このことを忘れてはならない。そして、その同じことは、私たちが、実際の現実的な戦いへと向かわせられるときにも起こることである。というよりも、私たちを戦わせようとする人たちがいて、その人たちが理由や動機を捏造《ねつぞう》するときに使うことと同じである、と僕らは思っている。

実は、ご町内の平和と宇宙の平和を少女が守る物語は、21世紀の今に至るまで続いている。ただしもう、彼女たちには戦いを支えてくれる男は必要ない。彼女たちの夢と希望と未来のために、自分の住むこの世界と、この世界で戦うことで救うことのできるもう一つの世界のために、プリキュアは戦う。

プリキュアは、伝説の戦士だ。ただし、彼女たちが暮らしている世界ではなく、別の世界での伝説の。ある日、彼女たちの前に喋る動物が現れて、君たちは伝説の戦士だから変身して戦えと要請する。突然のことにうろたえる間もあらばこそ、彼女たちは変身して戦いの渦中に飛び込まされる。変身ポーズも戦闘方法も、なぜか体が知っている。伝説になるくらいの戦士だからそんなことは当然だ。戦いを終えて、なんであたしたちが戦わなきゃなんないのー、と今時の中学生っぽく、文句を口にしてみても、例の喋る動物はモコモコとしていて、口はともかくどこか憎めない。かわいい。結局、言うことを聞いてやってしまう。言うことを聞いてやっていると、また、敵が登場する。敵と戦って勝てると嬉しい。強い敵が登場すると、挑戦してみたくなる、そして倒した時の達成感は心地よい。そうして、戦いの深みにはまっていく。仲間と一緒に協力して戦って成果が上がれば尚嬉しい。チームで取り組むことは、取り組む対象のいかんを問わず、チームで達成する、ということが目的になりうる。手段が目的となっていく。

世の中を変えるためのチームだったのか、チームのための革命だったのか。脱することを許さぬ血の盟約は、世の中を良くするためのものなのか、誰かがそのチームを支配するために組み込んだ自縄自縛の回路なのか。これはプリキュアの話ではなく。

プリキュアの戦いには男は登場してこない。戦うための難しい屁理屈をこねる奴もいない。誰かが苦境に立たされていること、誰かの夢が奪われそうになること、誰かが悲しまねばならないような目にあっていること、そんなのはおかしい、その共感によって、彼女たちは戦う。ひどいことはいけないことなのだ、だから彼女たちは戦う。

プリキュアは、美少女戦士シリーズとしては完成形に近いと僕らは考えている。戦闘少女の基本的ストーリーを踏襲しつつ、「セカイ系」の要素をふんだんに持ちつつも、「セカイ系」とは距離をおき、それまでの戦闘少女ものが持っていた問題点（男性補助者とか、生まれ変わりとか）を解消した。しかし作品としては完成形に近いものかもしれないが、それでよいのだろうか、ということも考えなくてはならないだろう（別に興業的な意味ではなく）。

ドラゴンボール

「どこまでも強くなりたいし、とにかく戦うのが楽しい」ってどういうこと？

「孫悟空」が主人公の、超人気コミック・アニメ『ドラゴンボール』。アニメの放映開始は1986年で、当時に子供であった層（おおむね、1970年～1980年生まれの層）でこれを知らない人はいないほど。ちなみに、2015年現在、その層は、35歳～45歳になっている。

コミック版の2巻（第23話）までと、アニメ版『ドラゴンボール』の当初においては、悟空が戦う理由は、「七つ集めると、どんな願いであっても、一つだけかなえることができる」とされるドラゴンボールを集めることであるとされる。まぁ漫画だからと言えばそれまでだが、「どんな願いでもかなう」「何でもかなう」ということのために努力できる人間は、現実社会ではそう多くないはずだ。ただし、実際にはドラゴンボールを集めようとしているのはブルマという少女であって、孫悟空はただそれに付き合わされているだけなのだが。

コミック第20話でドラゴンボールを六つまで集めるのだが、ピラフ大王に盗まれてしまう。ピラフが一個持っていたのでそのもとに七個が集まり、ピラフは世界征服の願いをかなえようと、神龍（これが願いをかなえてくれる）を呼び出してしまう。しかし、悟空たちと一緒に旅をしていたウーロンが咄嗟に叫んだ願いである「ギャルのパンティー、おくれーっ！」のほうがかなえられてしまい、ピラフ大王の「世界征服」の夢は閉ざされてしまう。悟空たちは幽閉されるが、悟空が満月を見て「大猿」に変身してしまい、暴れまわって周囲をめちゃくちゃに破壊する。これも一緒に旅をしていた「ヤムチャ」と「プーアール」が悟空の尻尾を切ると、変身が解けて悟空はもとに戻る。そして、ブルマがドラゴンボールを集めていた目的である「ボーイフレンド（ヤムチャ）」を見つけ、悟空は修行するために亀仙人のもとへと向かう。というところで、話は完結となる。つまり2巻の途中で完。作者である鳥山明もそう思っていたフシがあり、第23話の最後に「ながいあいだご愛読ありが……い、いえ！！　まだつづきます!!」と書いている。そしてここから、実に10年間以上にわたって第５１９話まで続く壮大な長編活劇になる。

初期の頃の悟空には、叶えてもらいたい願いはない。第24話から始まる「新しいドラゴンボール集めの旅」も、七つ集めるためではなく、じいちゃんの形見である「四星球」（4番目のドラゴンボール）を取り戻すためだ（ドラゴンボールは七つ集めて願いをかなえてしまうと、再び世界中に散らばってしまう）。だから、初期においては、悟空の戦う目的は、「降りかかる火の粉を払うため」である場合が大多数である。悟空が目的を持つのは、聖地カリンを守る「ボラ」が、レッドリボン軍が派遣した殺し屋「桃白白」（タオパイパイ）に殺されたときである。悟空は、ボラの息子であるウパに、ボラを生き返らせると言い残して、ドラゴンボールを集めるために、レッドリボン軍の本部に向かう。かたや、レッドリボン軍の総帥は、その願いがくだらないということで、部下に殺されてしまう。悟空は、一人でレッドリボン軍を壊滅させ、そののち、ドラゴンボールを七つ集めることに成功し、それを使ってボラを生き返らせる。

悟空がはじめて持った願いは、ボラを生き返らせたいというものだった。希望や願望や夢というのは、それが具体的なものになってはじめて、それに十分な努力を傾注することができる。「なんでもかなう」というようなあいまいなことに努力を傾注することは、なかなかできるものではない。だから、ブルマ（ボーイフレンドを作る）、ヤムチャ（女の子の前でもあがらなくなる）、ピラフ（世界征服）、ウーロン（ギャルのパンティー）、レッドリボン軍総帥（背を高くする）、ピッコロ大魔王（永遠の若さ）、というように、ドラゴンボールを集める者は皆、具体的な願いを持っていて、その実現のために戦うのだが、当然それらの願いは自分を利するという意味で利己的なものである。

一方、悟空がドラゴンボールによってかなえようとした願いは、利己的なものではない。もちろん、悟空は「強くなりたい」という願いを持っていて、それは充分に利己的なものであるが、それをドラゴンボールによってかなえようとはしない。

ドラゴンボール初期において悟空が戦う理由はそのときどきで様々ではあるものの、その戦うキモチは、以下の二つのうちのいずれか一方か、両方である――「悪いことはいけない」「強くなりたい」。そして、強くなることの向こう側には何もない。ただ単に強くなりたい。それは、戦って勝ち取ることができる状態ではなく、「戦い」を通して自分が変化することでしかない。

初期においては「悪いことはいけない」というのも悟空の「戦うキモチ」の成分だったが、悟空が強くなるにつれて、こちらのほうは薄れていく。悟空がベジータとの戦いに勝利し、傷ついたベジータが宇宙船に乗り込もうとしたとき、クリリンは「殺されたみんなの恨み」だと言いつつベジータを殺そうとする。悟空はそれを止めるのだが、その理由は「もったいねぇ」だ。つまり、ベジータはとてつもなく強い敵なので、自分が戦う相手として残しておきたいというわけだ。酷い言いかたをすれば、「格好の対戦相手を殺すなんて、もったいない」ということ。この段階では、悟空が子供の頃にもっていた「悪いことはいけない」という価値観は前面には出ていないし、「何かを守る」などという理由は、そもそも持ったことがない。

繰り返しだが、戦う理由と戦うキモチは必ずしも一致しないし、人はそれらを捏造したり偽装したりもする。つまり嘘をつく。たとえば「国を守るために戦う」というのが戦う理由であり、

「国を守りたい」というのが戦うキモチであれば、それは一致している。しかし「国を守りたい」という気持ちは、どこかウソくさい。というか、具体的ではないし、何を意味しているのかもよくわからない。「自分が大切に思うこの人を守りたい」というのと「国を守りたい」というのは、文の形は似ているけれども、その意味するところはかなり違っている。

「国民の生命・財産を守りたい」となると少し具体的になるし、それはとても立派な「戦うキモチ」であるとは思うけれど、1年間に2万人以上が自殺し、4千人以上が交通事故で亡くなる国で「国民の生命・財産を守りたい」という気持ちを持っている人がやるべきことの中心は、他国との戦争準備ではないだろうと僕らは思っている。つまりそれもウソくさい。国民の「財産」を守るために、国民から徴収した税金（つまり国民の財産の一部）を5兆円も防衛費に使うってどういうことだろうと思うし、辺野古の自然環境は「国民の財産」じゃないのかなとも思う。

一方、「強くなるために戦う」というのが戦う理由であり、「強くなりたい」というのが戦うキモチである悟空の言動には、ウソくさいところが見られない。「強くなりたい」という気持ちは僕らにはあまりピンと来ないし、端的にいってくだらないと思うけれども、少なくともウソっぽくはない。そもそも悟空には「守る」という意識は希薄である。第23回の天下一武道会では、生まれ変わったピッコロ大魔王（マジュニア）との戦いで、「試合の決着が着いていないから邪魔をしないでくれ」と、手助けしようとした「神様」を制止する。悟空はピッコロ大魔王に勝利して初優勝するが、世界を支配しようとするピッコロに「仙豆（せんず：回復させるための食品）」

を与えて回復させ、「もっと強くなれ。自分はそれを越えてみせるから」と内心で願う始末だ。前にあげたベジータを逃がした理由と同じ。

ドラゴンボールという物語の底流にある主旋律は「努力して力を得ること」であり、その動機つまり「戦うキモチ」の真実性がそれを支えている。だからこそ、この物語は人の心をとらえる力を持っていたのだと感じる。これは、『週刊少年ジャンプ』がかつて標榜していた「努力・友情・勝利」の路線に乗っているとは思うものの、そのうちで勝利と友情はそれほどの意味を持っていない。もちろん悟空は勝ち続けるが、天下一武道会で初めて勝利するのは、ストーリーがかなり進行してからのことであるし、友情はところどころに表現されてはいるものの、主旋律にはなりえていない。悟空は、修行をして圧倒的な力を得るものの、天下一武道会では（ストーリー中では第21回からの描写しかない）「第21回準優勝」「第22回準優勝」で、第23回で初優勝である。

悟空は努力する。その努力は「強くなりたい」という動機に基づいている。悟空にとっては、試合に勝つことも、侵略者に勝つことも、「強くなる」ための修練の一つでしかない。

ドラゴンボールの最終話の美しさは、そこにある。だからこそ、宇宙どころか世界を股にかける活躍で地球を救った悟空の物語も、結局最後はこじんまりと天下一武道会に戻ることになるわけであるのだが、ここまで見事に物語を閉じ、そして開いたコミックは稀有であると感じる。壮大に展開したものの、結局うまく幕を閉じることができないままでゴニョゴニョと終わってしまうコミックが圧倒的に大多数の中で、まさに掃き溜めに鶴である。

ワンピース

「仲間を信じ、夢を追い求めて戦う！降りかかる火の粉は払いのけるだけ！」の理不尽

海賊王になるために、世界中の海賊が集まるグランドラインを目指して旅に出るルフィと仲間たち。行く先々で不思議な出来事に出会い、倒すべき者に出会い、仲間に出会っていく。仲間を信じ、自分の信念を信じ、自分の「能力」で道を切り開いていく。コミックはすでに60巻を超えていて、アニメの放映も15年目に入っている。

『ワンピース』は、人はいかにして嘘話にそそのかされるのかということをテーマの一つにし

ているこの本で取り上げるべき代表作のひとつだと言えるかもしれない。僕らは「小説の主人公に勇気づけられる」などという経験をした記憶がないのだが（忘れているだけかもしれないけど）、そんな感想が読者からたくさん寄せられそうな、そんな作品じゃないかと思う。嘘話の主人公の、どうとでも描ける行動に勇気づけられるなんてことは、僕らの理解の範疇外だ（だって嘘の話だよ?）。

まず、誤解のないようにこの段階で言っておきたいが、この本で扱っている他の作品と同様に、『ワンピース』は面白いし、だからこそここで取り上げている（作品として面白くないものは、そもそも見続けたり読み続けたりできないからね）。絵は抜群にうまいと感じられるし、笑いあり涙ありのストーリー展開も見事で、なにより、いまさらながらに僕らが言うほどのことでもないけれど、感動大作。だけど、僕らが問題だと考えるのは、このコミックやアニメを見て感動してしまうという僕ら自身のメンタリティというか精神もしくは行動規範のほうだ。

人は、ヤクザ（反社会的暴力組織）や暴走族や不良集団に属する人間を主人公とする物語にだって感動したりするけれど、それは、その物語やそれを面白いと思う人たちが、暴力や犯罪的行為を肯定しているということではなく（肯定している場合もあるだろうけれど）、その物語が示す何らかの「意味」や「意義」に感じるところがあったからだろう。たとえば『それいけ!アンパンマン』での解決は、「アンパンチ」によるわけで、悪者を撃退するためには暴力が必要であるという表現となっているが、それを見ている親や子が暴力を肯定しているというわけではない。

ルフィは海賊である。海賊の「てっぺん」を目指して旅しているという。これまた古い漫画で申し訳ないが、例えば立原あゆみの『仁義』とかと同類だ。偶然出会った仁と義郎は、二人でヤクザのてっぺんを目指してのし上がっていく。闇世界の勢力争いと、そこでのし上がっていく主人公。

その舞台が、日常では自分の関わることのできない闇世界であることも、ワンピースの人気の要因の一つだろう。こうした作品のお約束のパターンは、その世界ではあり得ないはずの、肯定的な価値が主人公には保持されているというものだ。仁と義郎の間には、何者によっても切り裂くことの出来ない、友情、信頼がある。不信と裏切りが日常のヤクザの世界でだ。ルフィも同じだ。海賊という悪の世界の中で、信じられる相手を見出し信じ裏切らない。

私たちは「〇〇の中にあって、なお××であり続けた」っていう話が大好きだ。「海賊の世界の中にありながら、友情を信じ続けた」「失敗の連続の中にありながら、なお希望を捨てずにチャレンジした」「あの戦場の中にありながら、生きて帰ることを諦めなかった」というような。

けれどもただ、そこで気づいておくべきことは、この文の前半部分によって、後半部分の行為はあたかも困難なことであるかのように認識させられ、それを成立させない要因に対する批判をかわさせているということだ。

「あの戦場の中にありながら、生きて帰ることを諦めなかった」。それは素晴らしい、でも、なぜ生きて帰ることがそんなに難しいことなのか。それは彼が戦場にいるからなのだけれども、じゃあ、そもそもなんで彼は戦場にいるのか。「失敗の連続の中にありながら、なお希望を捨てずにチャレンジし続けた」。メーカー間の熾烈な新商品開発競争の中で、残業に次ぐ残業の末に生み出したヒット商品、けれどもそれが一体なんだというのか。残業が当たり前、という状況を正当化するのに一役買い、場合によっては家族や自分の仕事以外の部分をないがしろにし、何をしているというのか。自社の製品のヒットの向こう側で、商品を開発し損ねた別のメーカーのプロジェクトリーダーは疲弊し斃れているかもしれない。「海賊の世界にありながら、友情を信じ続けた」。そもそも、誰も信用できないような海賊の世界の存在の方が問題だろう。もちろんそれは創作としてのレトリックの問題でもあるから、めくじらを立てるようなことではないのだけれど、この種の陳腐なレトリックに引っかかって、「勇気づけられた」などと言うのは滑稽でしかないと感じる。

少なくとも設定上からすれば、ルフィが戦う理由は「奪うため」ということになるのだが、海賊王になるとは宣言しているものの、行動は「海賊的」には見えない。略奪を行っている様子もなく、海賊ではあるものの「正義」のために戦ったりもする。このレトリックにも注意が必要だ。「海賊でありながらも、正義を行った」ということだからだ。

ストーリー中でのルフィの戦う理由は大きくわけて二つあり、第一は仲間が侮辱されたり傷つけられたりしたことであり、第二は自分の夢の実現を妨害された（もしくは妨害されそうになった）ことである。ルフィの夢とは「ひとつなぎの大秘宝（ワンピース）」を手に入れて「海賊王になる」ということらしいが、その宝が何であるかはわからない。この二つの「戦う理由」は、そのまま戦うキモチに直結しているといえるだろう。つまり、仲間を信じ、大事に思う気持ちと、自分の夢を追い求める気持ちによって、ルフィは戦う。ここがこのアニメ（もしくはコミック）の重要な点だと感じられる。

仲間を大事に思う気持ちを持つことは悪いことではないが、それが「戦うキモチ」に直結するのは怖い。いったん「仲間」になったら、その仲間がどんなにひどい人間であっても信じて、その人を助けるために戦うというのは、いわゆる任侠の価値観だからだ。もしくは集団的自衛権という発想の根にあるのも同じ。同盟国になったのだから、自国が攻撃されたのではなく、その同盟国が攻撃された場合でも、自分たちもその敵を攻撃してよい、という考え方だからね。

この考え方や気持ちの背後にあるのは、「私を無条件に肯定してほしい」ということだ。互恵的関係として「私も無条件にあなたを受容するから」ということになる。これは『ワンピース』という漫画の底流にある「努力なしの幸福」と関係が深い。「努力なしの幸福」とは、ルフィのことで、うっかり悪魔の木の実だかを食べて身に着けた能力で戦いに勝利していくという構図のことを言う（61巻あたりの「マリンフォード編」では2年間の修行に出るという設定もあるけれど、明らかに付け足し的なストーリーだしね）。信じてもらうためには努力する必要があるのだけれど、無条件の肯定と無条件の受容という互恵的関係さえあれば、単に自分が信じるということだけで、自分も信じてもらえることになる。「信じる」ということに努力は必要なく、ただ目をつぶればいいだけだし、馬鹿になればいいだけだから、誰でもできる（こういう言い方をすると『ワンピース』ファン層には嫌われるかもしれないけど、冒頭でも言ったように『ワンピース』が悪いと言っているわけではないからね）。それは不良や反社会的組織の成員がいつも行っていることと同じだ。つまり、表面的には「海賊の世界の中にありながら、友情を信じ続けた」というレトリックなのだけれど、これは実は「信じるに値しない者の中にありながら、信じ続けた」という意味である。

信じられるための努力を何もしなければ、その結果として仲間から信じられることもないという方が現実の社会では普通のことだろうと思うけれど、そういうのは嫌なのだろう。しかしながらそれは「ありのままの私を信じて欲しい」「信じるに足る人間になるための努力をしない、現状のままの私を、受け入れてほしい」という気持ちの裏返しでしかない。

「ありのままの」というのは便利な言葉だ。つまり何の努力もしない状態の、ということであるのだが、もちろんその甘い言葉に人は騙される。「ありのままのあなたでいいんだよ」というのは、「何の努力もしなくていいんだよ」ということだからだ。そしてその結果は多くの場合悲惨なことになる。ちなみに『アナと雪の女王』の歌で、〝Let it go〟を「ありのまま」としたのは完全な誤訳である（ちょっと調べたら、すでにたくさん指摘されてる。ちょっと英語ができれば誰でも気づくことだからね）。

ルフィのもう一つの戦うキモチである「夢のために」というのも、ちょっと気持ち悪い。まず、その夢が子供じみていること自体は、まぁ17歳〜19歳ぐらいの子供のことだから、しょうがないだろうが、そのために「敵と戦う」ということの気持ち悪さである。欲しいもの（宝）があって、それを手に入れれば夢がかなうというわけだが、そのために敵と戦い撃破していくという構図の持つ気持ち悪さといってもいい。もちろん、人は誰でも夢を現実のものとするために努力しているし、それを「戦っている」と比喩的に表現する場合もある。しかしその戦いは、奪う戦いではなく、創り出す戦いである。それは、誰かから奪い取るのではなく、自分で生み出すことを意味している。

所有権の問題なのかもしれないが、スポーツで努力して優勝する、というのは、誰かの所有しているものを奪うわけではない。「前年度のチャンピオン」とか「タイトル防衛」とかいう言い方はあるけれども、それはレトリックでしかなく、実際には「優勝」「チャンピオン」「タイトル」という、もともと誰のものでもない、ただ、ある条件を満たすとそれが誰かの手にはいるようなものを手に入れる・得るということであって、そのこと自体は昔から肯定されていたし、逆にそのために努力することは肯定的な評価を得ていたはずだ。スポ根ものが「得るための戦い」を昔から描いていたけれども、それは「誰かのものを奪うことではなく、得ること」だったし、それは大方が肯定できる価値観だった。一方で、「奪うための戦い」というのは、ショッカーや死ね死ね団やロケット団などという、いわゆる「悪者」の専売特許であって、すくなくともダークヒーローとして描かれてはいない主人公が持つ「戦うキモチ」ではなかったはずだし、ダークヒーローだって「奪う戦い」をするという例はほとんどないだろう。そもそも「ヒーロー」にそぐわない。たとえば、『ドラゴンボール』では、七つのドラゴンボールを「得る」わけで、奪うわけではない。

もちろん、『ワンピース』はまだ完結してはおらず、海賊とは言うものの「奪う戦い」をしているのかどうかも定かではないし、最終的に「ひとつなぎの大秘宝（ワンピース）」を「得る」のか「奪う」のか「生み出す」のかも今のところはわからないので、確定的なことは何も言えないのだが。ただし、それがアニメやコミックの中でどう定義されていようが、「海賊」という概念には、どうしても略奪というイメージが付きまとうし、「奪うための戦い」をしているからこそカッコいい存在であると見られることを想定していないわけではないだろう。少なくともこの世界（『ワンピース』という漫画が読まれている世界）では、海賊とは略奪者のことである。

ここで僕らが危惧しているのは、誰かのものを奪う戦いだって肯定していいんだっていう気分がどこかで出てきたということではないのか、ということだ。たとえそれが誰かのものであっても、それが欲しいのならば奪ってもいい、ただし力が及ばず返り討ちにあってもそれは自業自得、自分がそこまでの人間だったというだけのこと、そのことを受け入れれば、誰かから欲しいものを奪う戦いも肯定できる、というような。もちろん、前述のように、ルフィが略奪をしているという描写はないし、「ひとつなぎの大秘宝」が何なのか不明なので、これは直接にはルフィのことを言っているのではない。そうではなく、夢こそが大事であり、その夢を実現するためには、敵対する勢力を撃破してもよいという「気分」のことを言っている。

領土や領海やそこにある資源などを「奪われてもいい」と思う人は少ないだろう。しかし「奪われるのは嫌だ」という気持ちは、同時に「奪うのはよくないことだ」という気持ちと表裏一体を為すはずである。私は奪うけれども、私のものを誰かが奪うのは許さない、という気持ちを持っているとしたら、それはちょっと問題だ。「奪われない世界」は「奪わない世界」と同義である。中国には中国の理想や夢があり、また、韓国にも韓国なりの、また自称イスラム国にだってそれなりの夢や理想があるのだろう。しかしその夢や理想のためになら、敵対する勢力と戦って倒してそれを実現してよいわけではない。夢や理想は、それが夢や理想であることのみによって美しいわけではなく、その内容による。ルフィの夢をもしも美しいと思う人がいれば、こう聞きたい。「自称イスラム国の夢や理想は、ルフィのものとどう違うのですか」と。

『ワンピース』のファン層は不快に思うかもしれないのだが、ルフィとは、自分の夢をかなえるために、超能力を駆使し、超人的な力を持つ仲間を集め、楯突く奴らを一人ひとりぶちのめしていく、わがままな子供だ。分析心理学の教科書に出てくるような「麦わら帽子と半ズボン」という古典的かつ典型的な童子姿は意図的なものだろうが、そのような存在がなぜ今、受けているのかを考える必要があるだろう。それはもちろん、読者の、視聴者の生きる世界が、まさにそのような世界であり、その世界の中で、自分にはたどり着くことのできないところへたどり着こうとしている主人公の行為にカタルシスを感じるからだと、僕らは思っている。思考停止、そういうことだろう。

だからもしもあなたが『ワンピース』を見たり読んだりして、すこしでも「勇気づけられた」などと感じたのであれば、その意味をよく考えてほしい。私たちは、子供のままでいていいわけではないし、子供のままの純粋さや無垢さを保ちつつ大人になることなどできない。「ありのままのあなたでいい」などという嘘話に惑わされて「努力なしの幸福」を追い求めているのだとしたら、そして『ワンピース』に触れて、それでいいのだと「勇気づけられたり」したのなら、もう少しよく考えたほうがよい。なぜなら、あなたのまわりには、信頼を得るために、もしくは何かを創り出すために、それこそ血反吐を吐く思いをしながら日々の努力を続けている人たちがたくさん存在しているのだから。そしてあなたが漫画に読み耽っているうちに、その人たちは、結局あなたのまわりからは消えていくのだから。

鋼の錬金術師

傷ついた誇りのリベンジ、そして肉親の体を取り戻したいという痛恨の思い

「エド（エドワード）」と「アル（アルフォンス）」は兄弟であり、まだ2人が幼い頃に母親を亡くしている。この兄弟は、錬金術においてたぐいまれな才能を持っており、錬金術の修行から戻って来ると、「人体錬成」の術を使って母親を生き返らせようとする。しかしそれに失敗し、エドは左足を失い、アルフォンスは身体全部を失ってしまう。アルフォンスの「魂」だけは、エドが自分の右腕と引き換えにして近くにあった金属製の鎧《よろい》につなぎとめることができた。

エドは12歳のときに「国家錬金術師」となる。つまり、アメストリス国の戦争に「錬金術師」として参戦することになるが、エドの目的は、アルの身体を取り戻すために必要であると彼らが考える「賢者の石」を探すことだった。エドが戦う理由は、だから「失ったものを取り戻すこと」である。

この『鋼の錬金術師』という作品が特筆に値するのは、作中で使用される錬金術が「等価交換の原理」に基づいているという設定である。等価交換とは、一般には「価値の等しい二つの財やサービスを交換すること」であるが、「一万円札と一万円札」を交換しても意味がないように、純粋な意味で「価値の等しい二物」の交換は発生しない。

つまり、AとBの二者がいて、Aは何らかのものαをもっており、Bはβを持っているとする。このαとβの交換が発生するのは、

Aにおいて　αの価値　$<$　βの価値

かつ

Bにおいて　βの価値　$<$　αの価値

が成立しているときに限られる。

これが等価交換と呼ばれるのは、市場におけるαの価格とβの価格が等しいことによる。

経済における「市場」にあたるのが、錬金術においては「この世界の原理」となると考えることができる。錬金術師が交換を行うのは、人とではなく、術によって展開される「世界の原理」

もしくは「真理」の側にいる何らかの存在とである。

たとえば、１００ｇの鉄の塊と、その加工物である鉄製の彫刻が「等価値」であるはずもない。素材の等質・等量性は、それだけでは「等価交換の原理」を構成しない。作中でこのことがはっきりしてくるのは、「賢者の石」が無数の生命を犠牲にして作られた「魂」の集成体であるということがエドたちに知られた頃からである。１００ｇの鉄製の彫刻と等価なのは、「１００ｇの鉄塊＋思想（もしくは情報）」である。１００ｇの鉄塊に何らかの思想や情報（つまりこれは「魂」と同義である）が作用して、１００ｇの鉄製の彫刻となるからだ。つまり、錬金術による錬成には、必ず「魂」が必要となる。

比較的近年の作品であり、ネタバレ的表現は好ましくないため（また、このことの詳細な内容は「戦うキモチ」ともあまり関係がないため）、この説明はここら辺でやめておくが、これがこの作品の主旋律であると考えられるし、まぁ僕らは専門外だからそういう賛辞を言う資格はあまりないのだが、この作者の「錬金術解釈」の斬新さと正当性・正統性には脱帽する。

さて、一方でエドの「戦うキモチ」を考えるのは、表面的にはそれほど難しいことではない。弟であるアルフォンスの身体を失わせてしまったのは、自分のせいであると考えていることから、それを「元の状態に戻したい」という気持ちが主たるものである。そしてそれは、そもそもの原因である「（亡くなってしまっている）母親を、元の状態に戻したい（生き返らせたい）」ということと、同種の動機に基づいている。

エドは、その保有している知識の多さと技術の高さに比して、その思考は極めて後ろ向きであると感じられる。「幸せだった頃に戻りたい」というのは誰でも抱く感情であろうが、多くの人間はその感情を何とか制御し、現状を認め、前向きに何かを求めていこうとするものだ。しかしエドは違う。おそらくそれは、エドの能力がきわめて高いことに起因する。つまり「自分なら取り戻せる」と思うからである。もちろんエドの能力は極めて高い。12歳で最年少の国家錬金術師となったこともちろんそれを示しているが、それだけではなく、錬金術への理解も、作中でのすべての錬金術師のものを越えているし、ことによると父である「ホーエンハイム」さえも凌ぐものであるように見える。

僕らが感じるのは、「失ったものは、取り戻せないこともある」ということをエドがもしも認めることができたなら、別の生き方があっただろうということである。しかしエドは、その圧倒的な能力の高さによって、失ったものは取り戻せるはずだと考えた。しかしよく考えてみて欲しい。エドが失った左足と弟の身体は、エドの能力の不足によるものだ。もしもエドの能力が（11歳のときに）十分であったならば、エドとアルは母親を取り戻し、彼らの考える「幸せな生活」を送ることができていたはずだし、もちろんエドもそれができると思っていた。それが失敗し、結果として自身の左足と右腕を失い、弟の身体を失った。そして今度は、それを取り戻そうとする。つまりエドが取り戻そうとしているのは、自分の能力への信頼であり「自分は、そんなものではないはずだ」という気持ちである。

「得ること」と「取り戻すこと」は似ているけれども、そこには決定的な違いがある。取り戻すための営みは、悲しみや辛さを伴う。当たり前だが、それは「マイナスからのスタート」であると自ら認めていることによる。一方で、得るための営みは喜びを伴う。それは、現状をゼロとして設定しているからである。もちろん、取り戻せればそこに喜びが発生するだろうが、得るための営みは、その過程において喜びが発生しているはずだ。

人はときとして「全能感」を持つことがある。もちろん『鋼の錬金術師』でのエドが持ったのもそれであろうと推測するのだが、それには十分な根拠がある。エドが全能感を持ち、過去を取り戻せると考えるのは、彼の類まれなる才能と、努力によって得た知識と技術によって裏打ちされている。僕らは、作中のことではあるけれども、エドのレベルであれば、全能感を持つ資格があると感じている。つまり、あのレベルまで高い能力を持っている人間であれば、たとえ全能感を持ったとしても、それを非難することはできない、ということ。ちなみに、「全能感」とは、病理（もしくは異常な心理状態）を示す心理学的概念のこと。

しかしながら、そうでもない人であっても、何やらよくわからない理由をもとに、「歴史を元に戻せる」というような全能感を持つ人はいるようだ。そういうことは、ものすごく優秀な人であっても不可能なのであって、世襲でなんとか代議士になったような人ができることではないし、そういうあまり高い能力を持っているとは思えない人たちがそれをできると言っているとしたら、滑稽だよね。ただ、面倒なのは「歴史を元に戻せない」のは当然としても、「歴史認識」

なら奇妙な方向に変更できる可能性があるということ。歴史学者の中には（歴史学者だけではないけれども）政府や国家の言いなりになって、適当な「ためにする」議論をする「自称・学者」はたくさんいる。「ためにする議論」もしくは「ある立場を擁護する議論」は、学者や研究者のやるべきことではない。そんなことは、あまりにも当たり前のことで、ここで言うようなことではないけどね。僕らは「正しいと思うこと」だけを言い、誰に攻撃されようとも（援助されようとも）、正しさ以外の基準を持たないからこそ、大学で教える資格があると思っている。面倒なのは、そうじゃない人たちも、大学に所属しているという意味で学者や研究者だと思われていること。いっぱいいるよね。人のことを悪く言うのはお行儀が悪いことなので、誰とは言わないけど。

戦士が萎えるとき

碇シンジ 『新世紀エヴァンゲリオン』

父に「承認」されたかったが叶わず…

『新世紀エヴァンゲリオン』の第1回目が放映されたのが1995年10月4日、エヴァンゲリヲン新劇場版4部作の最新作である第3作『Q』は2012年の封切り。あらためてこうして見るとエヴァンゲリオンはもう20年の歴史を持っているんだなって、僕らの年齢だと驚いてしまう。

そう言えば、『名探偵コナン』のテレビ版アニメは1996年スタートだし、『ワンピース』は1999年。『ちびまる子ちゃん』や『クレヨンしんちゃん』もそうだけれど、1990年代に始まって長寿を得ているアニメって案外あるんだね。

ということは、最近のエヴァンゲリオンファンの中には、TV版放映当時のエヴァ本ブームのことなんか知らない（というか、生まれていない）若者たちもいるのだろう。僕らは僕らで、最近の劇場版やパチンコのことは全然知らない（パチンコについては、僕らがギャンブルをやらないからで、年齢のこととはあまり関係がないけどね）。僕らの歳の者にとっては、多くが語られ、描かれ、語り尽くされ、描かれ尽くされ、それでも今なお現役、それが「エヴァンゲリオン」っていう感じがする。現役、って感じはしているけれども、正直に言うと、今回のこの本のために、久々に最初のエヴァを見直した。もう何年も見ていなかった、というか、10数年ぶりだということに自分でも驚いた。10数年見ていないのに、エヴァのブーム（第1期の）はついこの間のように感じていたからだ。こういうの、「歳をとるって嫌だなぁ」みたいに感じるべきところなのかもしれない。

エヴァンゲリオンの主人公は碇シンジ。14歳、中学二年生の彼は、仕事一辺倒の父親に取り残されて拗《す》ねている。と、そこに親からの呼び出しが来る。素直に喜びを表現することもできないくせに、ひこひこと呼び出しに応じて父親の職場のNERVに出向くシンジ。と、父親は唐突にエヴァンゲリオンに乗れと命令してくる。歓迎の言葉の一つもない、再会を喜ぶ言葉のひとつもない、父親の方から呼びつけたくせに。エヴァンゲリオンという巨大ロボットを動かすためのパーツにしか考えていない。思っていたような歓迎をされなかったシンジは再び拗ねてエヴァには乗らないと言う。

するとすぐに父親はシンジを諦めて、綾波レイに搭乗するように命令する。現れたレイは、ストレッチャーに乗せられて、どう見ても怪我人である。そこにエヴァの敵である使徒の攻撃、ストレッチャーから落ちるレイ、駆け寄るシンジ、レイに回したシンジの手には血《ち》糊《のり》がべったりとついた。レイを見て、シンジは、自分がエヴァに乗ると言い出す。傷ついたかわいい女の子を前にして、急に自分がエヴァに乗ると言い出す。そして出撃。

けれども戦闘経験など全くない者が、突然実戦の場に放り出されても何ができるはずもない。当然滅多打ち、シンジは意識を失ってしまうが、その間に勝手にエヴァは暴走して……、と、まぁ、よく知られた話が続いていく。

大好きな父親が自分を認めてくれない、だから拗ねる、父親が自分を歓迎してくれない、だから拗ねる、父親が自分をパーツ扱いしてダメだと思ったらすぐ別のものに交換する、自分を特別に扱ってくれない、だから拗ねる、そうして自分はダメだダメだと自分を慰める、そのくせ目の前に可愛い女の子が現れると、その子に認めてもらいたいばかりに、そこに自分が認められるかもしれない可能性のある場所を見つけて、自分から名乗りを挙げる、常識で考えれば、実戦経験どころか訓練さえも受けたことのない自分が戦闘用ロボットに搭乗して何かができるなんて、考えられるはずもないのに、乗れと言われたから乗る、「できっこないよ」って（それ自体は正しい認識だ）搭乗を拒否していたくせに、目の前に傷ついた女の子が現れて、父親やそれを取り巻く美しい女たちに乗れ乗れと煽《おだ》てられて、乗ってしまう。

主人公碇シンジが戦いに参加する理由は、ただただ承認されたいという気持ちだけだ。認めてもらいたい、自分を特別だと思ってもらいたい、だって自分は特別なんだから。

この優柔不断を絵に描いたような、この年頃の全能感と劣等感をむき出しにした少年が、全編にこれ見よがしに散りばめられた「謎」っぽいものとともに、当時の視聴者の心を捉えたのだろうなぁ、と思うのだけれど、それにしてもこの優柔不断さというかわかりやすいダメさ加減は今あらためて見ると鑑賞に堪えないなぁという印象は拭《ぬぐ》い去れない。その描き方の薄っぺらさもさることながら、おい、グジグジ言ってないでもっとしっかりしろよ！とイライラしてくる。どついたろかと思う。で、そのとき気づく――いつの間に僕らはそんな風に強い奴になっちゃったんだろう、って。

この優柔不断さ、戦闘の最中にあって自分のことしか考えていない自己中心性、優越感と劣等感がないまぜになってひねくれた醜い姿、そういうものが描かれ、それに共感する人々がたくさんいた時代、その方が「良い」時代だったのではないか。「男とはこうあるべきだ」

というような性役割や、16、7の子供が特攻で殺されていく姿を「美しい」と言ってしまうことから、その危うさに気づいて僕らはそこから離れてきたんじゃなかったのか。

アムロ・レイ『機動戦士ガンダム』

「もう、怖いのやなんだよ」

エヴァンゲリオンから遡ること15年あまり、ジオン軍のモビルスーツに奇襲され混乱する宇宙コロニー・サイド7に住んでいた15歳の少年アムロ・レイは、避難の途中で父親が開発に関わった連邦軍の新型モビルスーツ・ガンダムを見つける。機械マニアのアムロは、ガンダムの操縦マニュアルを参考にガンダムを起動。ガンダムに内蔵された高性能の学習型コンピュータに助けられながら、ジオン軍のモビルスーツ・ザクを撃退する。しかし、その結果、否応無くジオン軍と連邦軍の戦いに巻き込まれていく。

1979年4月に放映の始まった『機動戦士ガンダム』の主人公アムロ・レイも碇シンジと変わらぬ15歳の少年だった。

少年の成長を描くには、父親の存在が欠かせないのか、アムロもシンジも父親のことが好きなわけだが、その関わり具合はずいぶん違う。

シンジは、父親に捨てられたことをグジグジと悩んでいるところを父親に呼び出され、認められたいがためにロボットに乗り込むわけだけれど、アムロは、突然のジオン軍の攻撃から逃れる最中に止むを得ず乗り込む。もちろん、その前に、住民よりもモビルスーツの避難を優先する父親の姿を見てしまっている。そして、目の前で殺されていく人々を目の当たりにしてガンダムに乗り込む。その行為自体は、その場に対する瞬時の判断でしかない。自分のことなど、ある意味そっちのけだったろう。ちなみに、史上初めてのモビルスーツ同士の戦い（それまで地球連邦軍側はモビルスーツを持っていなかったので、モビルスーツ同士の戦いは存在しなかった）の中で、アムロの父親テム・レイは、サイド7の外の宇宙空間に放り出されてしまう。自らが生み出したモビルスーツを駆る息子によって息子の生きる場所から放り出されてしまったわけだ。

アムロにとってガンダムに乗ることは、自分と自分の知る人々が生き延びるための必然だったのだ。ともかくガンダムを動かし、生き残ったサイド7の住人とともに、連邦軍の新型戦艦ホワイトベースに乗船する。

一民間人の少年に過ぎないはずのアムロは、けれどもホワイトベースに収容されてからも、ガンダムのパイロットとして出撃し、戦い続けなければならなかった。ホワイトベースの正規の乗組員のほとんどは死傷し、ホワイトベース自体が、若年兵と民間人の手によって動いていたからだ。実質的な指揮官であるブライト・ノアですら19歳の青年である。

容赦なく出撃の命令を下すブライトへの反発を感じながらも、戦うことは必要なことだと心得て命令に従ってアムロは出撃する。しかしそんなアムロも、度重なる出撃、不十分な休養が重なる中で疲れていく、そしてついに戦意を喪失してしまう、「もう、怖いの、やなんだよ」。

そんなアムロにブライトは言う、「アムロ、今のままだったら、貴様は虫けらだ。それだけの才能があれば、貴様はシャアを超えられる奴だと思っていたが。残念だよ」、そしてサイド7からのガールフレンド、フラウ・ボゥもアムロに言う、「今日までホワイトベースを守ってきたのは俺だっていえないアムロなんて、男じゃない」。アムロが乗らないのならば自分がガンダムに乗るといいだすフラウ・ボゥに対してアムロは言う、「フラウ・ボゥ、ガンダムの操縦は君には無理だよ。悔しいけど、僕は男なんだな」。

むしろ僕らは、そんな世界から離れよう離れようとしてきたはずだ。「貴様はシャアを超えられる奴だと思っていたが」というように、ライバル心を焚《た》きつけて、承認欲求を満足させて、躍らせる。「俺は、お前は国のために死ねる奴だって信じてたんだ」ってね。

「そんなウジウジしたあなたなんて、男じゃない」。好きな女の子にそう言われて動き出さない男がいるだろうか、誰だって好きな女の子にだけはかっこいいところを見せたい、かっこいいって言ってもらいたい、そうなるんだったら死んだっていい、そう思ってる、それは当たり前。でも、それが本当に死に繋がっていたら、そして男を死に追いやるのが、女の子と男の両方が捉えられている「性役割」という社会的な要請だったとしたら。「私のために、かっこいい男になって死んできて」って言われて本当に死んでいいのか。「私のために、生きて、どんなにかっこ悪くても生きて」って言ってくれる女の子に惚れたい、それが本当じゃないか。

「悔しいけど、僕は男なんだな」というほとんど痛いくらいの名セリフを残して再び戦場に向かったアムロだったが、のちにまた戦意を喪失し、ガンダムを盗んでホワイトベースを脱出する。だがそれも、ブライトが自分の功績を認めず、自分をガンダムから降ろそうとしているのを知ったからだ。信賞必罰は兵士の運用の要だが、弱冠19歳のブライトにその適切な運用は至難だったろう。ともかく、アムロは自分が認めてもらえないからガンダムを盗んで脱走する。

結局、この時のブライトやアムロ、あるいは他の兵士たちの離反してしまった心をひとつにしたのは、ある兵士の特攻による死だった。ブライトの友人であり、アムロにとって常に親身になって自分を心配してくれる戦場での先輩であった兵士の死、ホワイトベースの搭乗者たちは誰もがその死を悼み、その結果再び人々の心はひとつになった。美談。でも、僕らはこの美談を胡散臭いとも思った。

僕らはファーストガンダム世代だ。ガンダムが大好きだった。でも、ガンダムに〝残っていた〟こんな美談や性役割や競争心や承認欲求によって動かされてしまう人間という部分については、胡散臭さを感じていた。そこから逃れることを考えていた。それが、１９９５年当時はエヴァンゲリオンとなったのだろうと思う。僕らも当時、エヴァンゲリオンを面白いと素直に思って見ていたのだ。なのに今、そのエヴァンゲリオンを見直してみると、そこでの碇シンジの行動に僕らはイライラとしてしまった。これは、僕ら自身の危険信号ではないのか。

乾巧『仮面ライダー５５５』

戦意喪失と戦意回復のはざまで

戦いの途中で戦えなくなった戦士は他にもいる。乾巧が仮面ライダー５５５に変身して戦うことになったのは、そもそもが偶然だった。旅の途中で偶然知り合った女の子園田真理に無理やり５５５に変身させられて、結局そのまま、なりゆきでオルフェノクと戦い続ける。ところが敵であるオルフェノクを信じたために真理を殺されてしまい、巧は戦意喪失し戦えなくなってしまう。そんな折、陰でオルフェノクを使って人間を殺戮している、５５５の敵であるスマートブレイン社の医療技術で真理を蘇生できることを知った巧は、スマートブレインに真理の蘇生を頼みにいく。555のベルトを渡すか、スマートブレインの最強のオルフェノク集団であるラッキークローバーのメンバーになることを求められる。ここで乾巧がラッキークローバーのメンバーとなることを選択したのには、当時番組を観ていた者も、さすがに驚いたのではないだろうか。実は巧もまた、オルフェノクだったのだ。主人公は怪人だった！　でもまぁ、考えてみれば初代仮面ライダーだってショッカーの改造人間なんだから、大したことではないか。

スマートブレインを利用して真理を蘇生した巧は、ラッキークローバーのメンバーになることをのらりくらりと避けるのだが、オルフェノクであるという正体を真理たちに知られてしまい、以前のように一緒に暮らせなくなる。巧自身も、以前にオルフェノクになった際の記憶を失っていて、その時自分はオルフェノクに飲み込まれてしまったと感じている。その時にもしかしたら真理を自分で手にかけているかもしれないとも思っている。いつ人間の心を失ってオルフェノクになってしまうかわからない自分に555として戦う資格はないとベルトを手放し、オルフェノクでありながら人間として生きようとしている木場勇治に自分を殺させようとしてみたり、ラッキークローバーのメンバーを道連れに自分も死のうとしてみたり、巧の迷走が始まる。かつて自分はオルフェノクである巧に襲われたかもしれないと思いつつも、巧を信じ、巧を救おうとする真理。「俺は、自分が怖いんだ、今は平気でも、いつ人間の心をなくすか分からない」と言う巧なのだけれど、目の前で真理が窮地に陥っていると、555として戦ってしまったりもする。結局は、「まだ自分のことが怖い？　まだ自分のことが信用できない？　なら、私を信用して、巧を信じてる私を信じて。私、巧より巧のこと知ってるから」「オルフェノクの力に負けるかどうかは自分次第なんだよ」っていう真理の殺し文句で戦意回復、再び555として戦いの場に望むことを決意する。

平成仮面ライダーの乾巧には、昭和期ライダーのような、信奉する正義のようなものはない。その上、叶えたい夢もない。ただ、親しくなった人を守りたいだけ。そのためならば、敵をも利用する。好きな女の子のために、敵に寝返ろうとしてみたり、最大の武器を放棄することもしようとするあたり、傷ついた綾波レイの姿を見てエヴァに乗るって言い出す碇シンジの系統だけれど、その実、巧が悩んでいるのは「いつ人間の心をなくすかわからない」ことで、案外に「正義」とか「善」とかという「大きな価値」が彼の心を悩ませている。「自分を信じられないならば、あなたを信じている私を信じて。私はあなたよりもあなたのことを知っているんだから」なんてかわいい女の子に言われたら、愛欲の世界にズブズブと沈没していってしまいそうなものなのだが、巧を動かすのは「オルフェノクの力に負けるかどうかは自分次第なんだよ」という奇妙に精神論に寄った真理の言葉だった。

人間は、自分の存在意義や、ことによると「存在しているかどうか」にさえ悩んでしまう厄介な生き物だ。だから、誰かに「あなたは間違いなく存在しているよ」と言ってもらいたい。そしてできれば「好きだ」と言ってもらいたい。存在を誰かに担保してもらったり、引き受けてもらって、はじめて地面に足がついているような気がしてしまう。だから誰でも誰かに認めてもらいたい。特に青年期においてはことさらそうだろう。

しかし「存在を引き受ける」側になって考えてみると、そこにいろいろな思惑がある。ここで考えてきたエヴァンゲリオン、ガンダム、555では、「私があなたに要求する役割をあなたが果たしたならば、あなたの存在を引き受ける」というような、条件付きの引き受け条項になってやしないか。「戦ってくれれば、私はあなたを男だと認める」とかね。でも、それって交換条件だよね。そして、シンジやアムロや乾巧が「萎《な》える」のは、その交換条件に気付いてしまったからではないか。「Aをするならば、あなたの存在を引き受ける」と言われたとき、論理的にその「裏」である「Aをしないなら、あなたの存在を引き受けない」が頭をもたげてしまう。ある命題が真であるとしても、その裏は必ずしも真ではないけれど、人間はそう思ってしまうものだ。ここでさらに「A」には戦いが入るので、ちょっと厄介なことになる。「戦えばいいだけ？　戦って負けたらどうなるの」と考えてしまうからだ。そしてそもそも戦って負けたらおそらく死んでしまうわけだから、自分の存在を引き受けてもらおうがどうしようが、もはや関係ないのでは、と考えたら、その条件はおいそれとは受け入れられないはずだ。

いや、人間が社会において何らかの役割を果たすことが悪いと言っているわけではないし、自分に課せられた何らかの役割を果たすために努力を続けることは、この社会に生きる人間にとって必要なことであるとさえ思う。『ワンピース』のところで考えたように、人間が「ありのまま」でいいとは思わない。だから、むしろそのように努力し、期待に応えようと生きていくことは好ましいとさえ思うが、それは、奇妙な条件付き条項によって駆動されるようなものではないはずだ。僕らが誰かの存在を引き受けるのは、その人間が僕らの役に立ってくれたからではなく、ただ単に共に生き、共に暮らし、何かを共有してしまったからにほかならず、「引き受けよう」と決意したり、この条件を満たせば引き受けると考えたりというようなものではない。ただ単に、むしろやむなく、引き受けてしまう。

特に、年端《としは》もいかぬ少年に、そのような交換条件を提示するのは、まともな大人のやることではないと僕らは思っている。まぁ戦争の真っただ中だから、だれもが正気を失っていたのだろうけどね。でも、戦争という狂気のさなかにあっても正気を失わないことは可能だし、そうありたいものだ。ただ、平時にもかかわらず正気を失っている人がたくさんいるということのほうが大問題かと。

Act.2
戦わない主人公たち

主人公たちは、なぜ戦わないのか?
彼らの戦わない理由とそのキモチを探る!

風立ちぬ

美と理想を追求するココロに「戦争」はどう映ったのか？

東日本大震災、原発事故から2年あまり。宮﨑駿監督最新作『風立ちぬ』は２０１３年7月に封切られた。アジア太平洋戦争における中国侵略、そして真珠湾攻撃を成功裏におさめることが出来た、そのもっとも重要なファクターである零戦の設計者堀越二郎をモデルとした人物を主人公にしたドラマである。

当時、零戦は世界最高の性能を誇る戦闘機だった。俊敏な機動性能、にもかかわらず長距離飛行も可能、のちのガダルカナルではそれが裏目に出てしまうわけだけれども、ともかくも本来ならば両立しないはずの機動性と長距離航行の性能を両立させていた零戦は、パールハーバー前後の時期、他に類を見ない唯一無二の存在だった。そして、その性能こそが、日本をして泥沼の戦争へと導いていったとも言える。ともかくもそのような戦闘機の設計者堀越二郎を、宮崎駿は主人公に選んだ。

もちろん『風立ちぬ』は、堀越二郎の伝記映画ではない。堀辰雄の小説の登場人物とも絡《から》められ、作中での堀越二郎は、あくまでも架空のキャラクターである。それでもなお、彼が、零戦の設計者堀越二郎であることは、この映画を観た誰もが疑いようがない。しかしながら宮崎は、この堀越に零戦は作らせなかった。宮崎の描く堀越二郎が作っているのは、後に零戦がその後継機となるところの九試単戦、主翼が途中で折れ曲がるようなフォルム—逆ガル翼を持つ美しい戦闘機、九試単座戦闘機だった。昭和9年（1934年）、世界恐慌の痛手もようやく癒えつつある日本は、現在私たちがそんな時代があったことをうっかり思い描き損なうような、それなりに上向きの時代の雰囲気を感じていた。そんな、戦争の合間の上向きの時代の雰囲気の中で、『風立ちぬ』の主人公堀越二郎は、「美しい」飛行機を作ることを夢見て、それを戦闘機として現実化した。

『風立ちぬ』は、零戦の設計者堀越二郎を主人公に据えたが、零戦を描かなかった。パールハーバーに始まり、二発の原子爆弾の投下によって終焉を迎えた太平洋戦争を描くことはなかった。

その破格の飛行性能が、無謀とも言える作戦を実行させたことも、その実、その飛行性能を実現するために搭乗員を守るということが一切排除された設計であったことも、そして、零戦を上回る性能の戦闘機が敵国に次々と生み出され始めた頃、零戦は特攻機として人命を道連れに自爆することを目的に飛び立つことを求められたことを、何も描かずに、『風立ちぬ』はそれを「一機も戻ってきませんでした」という二郎の言葉に集約し、死んだ妻奈緒子の幻想に「あなた生きて」と語らせる。

アジア太平洋戦争における日本の戦略の要となる戦闘機の設計者でありながら、『風立ちぬ』の堀越二郎は、何かしら戦っていたのだろうか。そうではなく、ただただ、自らが描く理想の戦闘機を、それがどのように使われるのかにすら思いを致すことなく、作り上げることだけに血道を上げていただけではないのか。彼こそが「戦わない主人公」ではないのかと僕らは考えている。

戦わない主人公堀越二郎が描かれた『風立ちぬ』と同じ2013年の冬、『永遠の0』が封切られた。国のために死ぬことが当たり前の時代に、生きて妻と子供のところに帰りたいと願いその願いを実現しようとした零戦搭乗員の映画である。

ここしばらく、この映画は、原作の著者百田尚樹の言動によって、その作品の内容以上にいたずらに貶《おとし》められているきらいがあるが、この先、著者の百田がどうなろうと、この作品自体はいずれ再評価されることは間違いないと思う。

物語は、結局特攻で死んだその搭乗員の孫が、自分の実の祖父とはどのような人物だったのかを訪ね歩く形で進んでいく。

「暗い」「今更」と遠ざけられたり、そうでなければいたずらに自らのアイデンティティを正当化するためにいいとこ取りするしかない歴史への関心ではなく、素直に何があったのかを辿《たど》っていくとき、その時代の状況下の中で、精一杯生きた人間の姿が見えてくる。

もちろん、人は誰でもどこでも美しく生きることは出来る。その人間が置かれた状況を問い返す視線を失い、ただ、美しく生きていることだけを賛美するようでは、『風立ちぬ』の置かれ方とそう大差はない。我々は美を礼賛するために、歴史を観ているわけではない。それが美しくあったとするならば、なぜ、それが美しくあってしまったのか、美しくあるべきだったのか、を問わなければならない。

例えば、特攻で逝った人々は、その状況下の中で精一杯自分の生と死を考え、真摯に答えを見出し、それに従っていったのだろう。そのことに嘘偽りはないだろう。しかし、今の私たちは、なぜ、そんな10代、20代の若者が、たかだか10代、20代で、それ程に美しく在らねばならなかったのか、真摯で在らねばならなかったのか、そのことを問わなければならない。若者などというものは、迷い、間違え、美しくなくて、それでいいのだ。長い年月を生き、沢山間違え、その果てに、答えかもしれないようなものを微かに見出す。それでいいはずなのだ。

そのはずなのに、そんな若者が美しく見える場所に立たされる、かれらをそんなところに立たしてしまう国はおかしいのだ、世の中はおかしいのだと気づかなければならない。

『風立ちぬ』の堀越二郎は美を追求して、自らは醜くなった。映画の最後のシーンですら、彼の目に映っているのは搭乗員ではなく、零戦だ。彼にとって搭乗員は零戦を飛ばすためのパーツのひとつに過ぎないのかもしれない。『永遠の0』の宮部久蔵は、醜く生に執着していたはずなのに、結局は、美しくなってしまった。いったい何が宮部久蔵を美しい場所へと追いやってしまったのか。人を美しくしてしまう時代に警戒しなければならない。

魔法少女まどか☆マギカ

死ぬのは怖いし戦う理由もない、そんな少女が最後に…！

なぜ、鹿目まどかは戦わなかったのか。もちろんそれは、戦って死ぬのが怖かったからだ。一度は魔法少女に憧れたまどかが、魔法少女になる契約を躊躇したのは、戦闘の中、魔法少女が食われて死ぬのを目の当たりにしたからだ。そして彼女には、その恐怖を受け入れてまで叶えたいと願う望みもない。

意志こそが、人間を人間として成立させている基本的な要件であると考える人は少なくない。また、意志をもつこと、何かになりたいと願うこと、何かをなしとげようと思うこと、などなどは、少なくとも現代においては、ある個人が「まともな社会人である」ための一つの重要な要素であるとされる。また、その意志や願いは、誰かからの借り物なのではなく、自らが、自らの論理と感情に基づいて作り上げたものであることが望ましいともされる。それが私たちが「自由な個人」であるための必要条件だから、というわけだ。しかし少し考えてみればわかるように、それはとても難しいことだ。たとえば、「何もしない」「何もしたくない」「何者にもなりたくない」ということであっても、そう願うこと自体は「意志」と呼べると思うのだが、私たちのこの社会では、そのような「負の方向を向いた意志」が、好ましいものとして扱われることはあまりない。それはこの社会が、個人に対して何らかの社会的な機能を要求するということに関係している。しかし、「私」が「私」でありつづけるために必要なのは、社会の中で何らかの機能を持ちそれを果たすことではないし、逆に、そのような何らかの機能を持ってしまうことによって、「私」が「私ではない何者か」になってしまうことはままある。つまりそれが自己疎外であり、自分で創り出した自分の「社会的な機能」が、自己の内部での認識像と別のものになってしまうということだってある。

一方、「宿命」「運命」と、自由意志は対立する。もしもこの宇宙が因果的決定論に従っているのであれば、そこには本質的な意味での「意志の自由」は存在しないのではないかという議論であるが、21世紀の現代においてさえ決着はついていない。しかし、人間は、運命や宿命に抗《あらが》うことができる。「運命に抗うこともまた、あらかじめ決められた運命だ」というのなら、人間に与えられた思考や感情は、そもそも何のために存在するのかということになってしまう。人間は思考し、判断し、選択する。願望をもち、それを現実のものとするために努力をする。もしも因果的決定論がこの宇宙の理《ことわり》なのであれば、願望は、絶望の前駆状態となる。だから、絶望しないためには、願望をもたなければよい、ということになってしまう。しかしまた一方で、願望を持つことはすなわち人間の意志の発露であり、前述のように、人間の中心的な機能であるのだから、それは無理な相談だということにもなる。この矛盾を解くことは、たしかにとても難しい。

鹿目まどかは魔法少女にならないことを選択していた。けれども、彼女の友だちは魔法少女になってしまう。自分は魔法少女になれないくせに、魔法少女になってしまった友だちにグズグズとくっついて戦いの場に現れるまどか。戦わないまどかの隣で、戦う魔法少女たちは次々と倒れていく。

しかし、死を恐れるまどかはそれでも魔法少女にはならない。もちろん、時折気持ちが揺らぐことはある。けれどもそんなときには必ず、暁美ほむらが現れて、まどかが魔法少女になることを妨《さまた》げる。暁美ほむらにとって、鹿目まどかを魔法少女にしないこと、魔法少女になったまどかを倒すことになるワルプルギスの夜を自分の力で倒すこと、それだけが彼女の戦いの目的だ。まどかを死なせない、その結果を得るためだけに、暁美ほむらは繰り返し繰り返し戦い続けている。

魔法少女となった親友美樹さやかは魔女となって倒された。その死体は、不審死体として発見される。さやかの死について何か知らないかと問われ、「知らない」とまどかは母に嘘をつく。「希望を叶え、そして絶望に身を委ねていく」「祈りから始まり、呪《のろ》いで終わる」、それが幾度と無く繰り返されてきた魔法少女のサイクルなのだとインキュベーターは言う、「どんな希望もそれが条理にそぐわないものである限り、必ず何らかの歪みを生み出すことになる。やがてそこから災厄《さいやく》が生じるのは当然だ」と。

踏ん切りのつかないまどかは、暁美ほむらのマンションを訪ねる。すごい魔女が来るんだよね、一人じゃ戦えないんだよね、まどかはほむらに「あなたと一緒に戦いたい」「あなたの力を必要としている」と言って欲しいのだ。けれどもほむらが、そんなことを言うはずはない。ほむらはまどかを救うためだけに戦ってきたのだから。ただ、ほむらはまどかに、自分が時間遡行者《そこう》であり、まどかを守るために幾度となく同じ時間を繰り返したことを告白する。「あなたを救う、それがあたしの最初の気持ち、今となっては、たったひとつだけ最後に残った道しるべ」と。けれどもまどかは、それに対して答える言葉をもたない。言葉が欲しかったのはまどかなのだ。

結局まどかは、インキュベーターに尋ねるしかない。ほむらは何故そうまでして戦うのか、と。インキュベーターは答える、「彼女がまだ、希望を求めているから」だと。「もはや今の彼女にとって立ち止まることと諦めることは同義だ。何もかもが無駄だったと、決してまどかの運命を変えられないと確信したその瞬間に、暁美ほむらは絶望に負けてグリーフシードへと変わるだろう」、戦い続けるしか魔女にならずにすむ術はないことをほむらは知っているから戦い続けるしかないのだ、と。「希望を持つ限り、救われないっていうの?」、尋ねるまどかにインキュベーターは答える、「そうさ、過去の全ての魔法少女と同じだよ」。

こうしてまどかは、魔法少女になる決意をする。「全ての魔女を、生まれる前に消し去りたい、全ての宇宙、過去と未来の、全ての魔女を、この手で」という願いと引き換えに。神になるつもりなのかと尋ねるインキュベーターにまどかは答える、「神様でもなんでもいい。今日まで魔女と戦ってきたみんなを、希望を信じた魔法少女を、私は泣かせたくない。最後まで笑顔でいて欲しい。それを邪魔するルールなんて壊してみせる、変えてみせる、これが私の祈り、私の願い」。インキュベーターは、そのまどかの願いを「因果律そのものに対する反逆だ」と言う。

まどかは、「希望を抱くのが間違いだ」とされる世界を変えるために、魔法少女になることを選ぶ。世界を変える、それがまどかの戦いの目的だ。何故ならば、魔法少女を、自分の友だちもまたそれであった魔法少女を、泣かせたくないから、笑顔でいてもらいたいから、守りたいから、それがまどかのキモチ。でも、まどかには戦う理由がない。何のためにまどかが戦うのか。

まどかの願いは聞き入れられる。それは、この宇宙の因果律そのものを破壊する願いであり、宇宙はまどかの願いによって、再編成される。その結果、倒れた魔法少女たちは、魔女に変わる前に浄化され消滅する。魔女は生まれることなく、魔法少女は絶望することなく、誰かを呪うことなく死んでゆく。インキュベーターのエネルギー収集の方法も変わり、魔法少女との関係も変わる。全く新しい宇宙が誕生する。まどかの願いは叶えられた、ように見える。

けれども、本当にまどかの願いは叶えられたのだろうか。

避難所を出て、ワルプルギスの夜にほむらが一人立ち向かうその場所へ行こうとするまどかを母が引き止める。友だちを助けに行くんだ、というまどかに、そんなことは消防署に任せておけ、と母は言う。娘の身を案ずる母親ならば当然のことだ。その母にまどかは「私でなきゃダメなの！」と答える。「てめぇ一人のための命じゃねぇんだ、あのなぁ、そういう勝手やらかして、まわりがどれだけ心配しているか」と叱る母親にまどかはこう答える、「分かってる、私にも良く分かる。私だって、ママのこと、パパのこと、大好きだから。どんなに大切にしてもらってるか知ってるから、自分を粗末にしちゃいけないの、分かる。だから違うの、みんな大事で、絶対に守らなきゃいけないから、そのためにも私、今すぐ行かなきゃいけないところがあるの」。

娘の真剣な姿に母は最後に問う、「絶対に下手打ったりしないな、誰かの嘘に踊らされてねぇな」。「うん」とまどかは答え、避難所を出て行く。

「下手を打つなよ」と言われて、まどかは下手を打たなかったのか？

いや、結局彼女は下手を打ったのだ。なぜなら、まどかの母は一生まどかを失ったのだから。ただ、そのことにまどか自身が気づいていないだけ。

ワルプルギスの夜がどれほどの異常気象であったとしても、結局は異常気象なのだ。避難していたまどかの家族は生き残ったかもしれない。まどかもまたそこにいれば生き残ったかもしれない。彼女は、自分には他の少女にはない計り知れない力があるのだと吹き込まれ、友人たちが自分より先に次々と魔法少女になってそして死んでいった焦燥感にかられ、それでも死ぬのが怖くて踏みとどまり、でも結局はそのプレッシャーに打ち勝つことも出来ず、「君には人にはない力がある」という何の根拠もない言葉にそそのかされ命を失ったのだ。

魔法少女への契約の最中、幻想の中で巴マミに「未来と過去と、全ての時間で、あなたは永遠に戦い続けることになるのよ。そうなればきっと、あなたはあなたという個体を保てなくなる。死ぬなんて生易しいものじゃない。未来永劫に終わりなく、魔女を滅ぼす概念として、この宇宙に固定されてしまうわ」と問われて、「いいんです、そのつもりです」とまどかは答える。けれどもどうやってまどかは、「魔女を滅ぼす概念として宇宙に固定される」などという「概念」を入手したのか。「因果の全てを自分が受け止める」などという全能感に囚《とら》われてしまったのか。

まどかは結局、友人の死という現実や、魔法少女になるという決断をしなかったことへの自責から逃れるために、自分は特別なんだという思いに囚われ、魔法少女への契約を選ぶ。だがそれは、超弩《ど》級の異常気象の中、友人の様子を見に行って死んでしまった、というのとどこが違うのだろうか。

物語は、まどかが宇宙の理すら変え、魔法少女が魔女にならない宇宙を再構築したという結末になっているが、あるいはそれは、死にゆくまどかが見た、末期《まつご》の夢だったのかもしれない、と、その（最終話を視聴した）ときに、僕らはそう疑ってしまった。もちろんそんな「夢オチ」的な安易な結末が用意されているわけではなかったので安心したが、一方で別の疑念が浮上した。それは、戦わない主人公、鹿目まどかは、最後まで、自分の「やればできる」の幻想を信じて、結局は、自分自身を自分の世界から放逸してしまっただけなのではないだろうか、ということである。

おそらく多くの視聴者が感じているであろう（と僕らが勝手に推測しているだけだが）もどかしさは、「まどかは結局、非存在となっちゃうんだよね。でもどうして？」ということだろうと思う。だって、まどかは「いい子」だし、罰せられるようなことは何もしていないんじゃない？なのに、どうして最も辛い状況に陥るの？　そして、どうしてまどかは自分自身の意志によってそれを選択したの？　結局「自己犠牲」だったの？　そもそもまどかは何がしたかった？

そのような疑問が視聴者の頭の中に生じたのであれば、僕らは、この最終話は素晴らしいものだと感じる。しかし、10歳台〜20歳ぐらいの子たちに、そのような疑問と疑念、もしくは「？」の嵐が生じたのだろうか。そして、もしもそのような疑問文の数々が生じなかったのならば、この最終話は無意味だと感じる。僕らは随分大人なので、もうそういう疑問文そのものは必要ないと思っている（まぁ、忘れてしまうので、ときどき思い出す必要はあるけれども）。

この宇宙の理がどうであろうとも、人間は願望をもち、それをかなえようと努力する。たとえ因果的決定論が正しかったとしても、そんなことは、人間が願望を持つこととはほとんど何の関係もない（ちなみに僕らは、因果的決定論が正しいとは考えていないが）。僕らがここで考えたいのは、たとえそのような宇宙の理を覆すことができたとしても、そのためにこの世界の外側に出てしまうなどというのは、正しい選択ではないということだ。すべての戦争を終わらせる最終戦争などありはしないし、すべての人間を不幸から救うことのできる戦いも存在しない。

最終話で語られるまどかの戦うキモチは、人の感動を呼ぶ。そう言う僕らだって、このアニメは大好きだ。しかし、だからこそ、踏みとどまってよく考えなくてはならないと僕らは思う。地道に、いま自分がいるその場所で、小さな願望をもち、そしてときに絶望し、またその絶望の淵から這い上がるという、果てのない戦いを繰り返していくしかないし、そのこと自体がこの世界の理を変えていくことにつながるはずだと思うからだ。もちろんそれはあまりカッコいいもんじゃないし、美しい物語にはなりそうもないけれども、「この世界を変えること」と「自分の存在」を交換するなんていう条件は、たいていウソだからね。僕らは、最後まで戦わないまどかを見てみたかったとも思ってはいるのだけれど、それはないものねだり。

ケロロ軍曹

戦えばいつでも勝てる余裕を持った軍人が、平和の楽しさを知ってしまった！

ケロロ軍曹は、地球を侵略しようとしている宇宙人であり、ガマ星雲第58番惑星宇宙侵攻軍特殊先行工作部隊（通称ケロロ小隊）を率いている。彼は、侵略対象であるペコポン人（ケロロ軍曹の故郷ケロン星では、太陽系第三惑星＝地球はペコポンと呼ばれている）の家族である日向家に居候している。実は、日向家の地下には巨大な「侵略前線基地」が構築されているのだけれど、そのことは日向家のみんなも知っている。居候に身をやつしたケロロ軍曹は、食器洗いや掃除洗濯などの家事をしてお小遣いを貰い、その金を自分の趣味の「ガンプラ（＝機動戦士ガンダムのプラモデル）」を購入して作ったりする毎日を送っている。

ケロロ軍曹は、本来の職務である「地球侵略」を、まったくと言っていいほどする気がない。毎日を雑事にかまけて過ごす。けれども、彼に地球を侵略する力がないのかといえば、そんなことはない。圧倒的な科学力を背景とした火力・兵力は、すぐにでも地球を征服することができる。そもそも、ケロン星の科学技術は、地球のそれをはるかに凌駕している。星間航行が可能であるという一点のみに着目しても、その差は圧倒的だ。地球人は、未だにその衛星（月）にやっと到達できただけだ（最近では、それさえ疑うおかしな地球人も出てきているみたいだけれど）。太陽系と別星系間の航行など、これから500年かかったって、多分地球人には無理。だって、科学は社会と没交渉なわけではなく、社会が要請するものを研究するのだし、社会の枠組みの中で科学技術は更新されたり革新が起きたりするのだから。

つまり、ケロロ軍曹は、戦う義務、もしくは戦う理由を持っているけれども、戦わない、っていうこと。これはとても面倒くさい状況だ。ケロロ軍曹は侵略戦争を日常的に行っている軍隊に所属する軍人で、「宇宙侵攻軍特殊先行工作部隊」、すなわち、先行して侵入し、侵略の手はずを整える役目を持つ部隊を率いている、それなりの実力を持つ人物？　のはずなのだ。なのに、軍曹は戦わない。

ケロロ軍曹が戦わない理由は、だから「戦っても意味がない」とか「戦っても負ける」っていうことではない。だって、戦うのが本来の仕事だから「戦っても意味がない」ってことはないし、星間飛行を実現している社会と、せいぜい衛星（月）にしか行けていない社会が戦えば、その科学力や戦力差は明白なんだから、間違いなく地球は侵略される。

これは、「俺は本当はやれば出来る子なんだ」みたいに自分の部屋に閉じこもってガンプラを組み立てている状況とは全く違う。「本当はやれば出来る子なんだ」って自分のことを夢想しているだけの子は、実際には戦えない子（それが悪いって言う訳じゃないけど）。ケロロ軍曹は違う、戦う力を持っている、それも戦えばまず勝てる力を持っている、なのに戦わない。それは彼が「戦わない」という選択をしているからだけれど、もしもある人が力をもっていないならば、「戦わない」は選択肢じゃなくて必然になってしまう。戦うか戦わないかを自己決定できるのは、戦う力を持っている者だけってことになる。

ケロロ軍曹は、戦う力を保持し続けている。だからこそ「戦わない」という選択をすることができる。この場合、自由とは、選択可能性の別の名前でしかない。戦ってもいいし、戦わなくてもいい、は選択肢だけど、それは形ばかりの選択肢でしかない。「戦わない」と「戦えない」は、表現としてはわずか1文字の違いだけれど、その意味するところは大きく異なっている。

国や組織が戦う方法はいくつでもある。軍事力によるものばかりが戦う方法じゃない。でも、国や組織が持つ戦う力のひとつの選択肢として軍事力があるのは間違いない。「最終的に力を持つのは暴力である」というのは、21世紀になっても人類が野蛮なままであることのひとつの傍証なんだけど、それを嘆いてみても現状は変わらない。それでも、国や国家的規模の組織以外がふるう暴力に関しては、相当いいところまで制御されつつあるのも事実だから、つい数万年前まで猿と同程度だった生命体としては、まぁ、よくやってきているっていうほうがいいのかもしれない。ちょっと甘い評価かもしれないけれどね。

この世界に暴力がなくならない限り、国家としての暴力装置（「暴力装置」っていう言葉を、「自衛隊を『暴力』とは何事だ」とか言って非難する人がいるらしいけど、これはちゃんとした専門用語。「暴力」ってついたら何でも否定的に言ってるんだろうって、そういう安易な考えっていうか、感覚だけで大声出して、ちゃんと言葉使った方が謝罪させられるなんてこの国のレベルはどうかと思う）を備えることは間違っているわけではない。けれどもそれは「戦うための」ものではなく、守るための装置である。専守防衛という空想的な概念は、空想的かもしれないけれども美しいし、空想的ではあるかもしれないけれども、暴力装置を持つ者たちが超えてはならない一線だと思う。その一線を越えてしまえば、国であれ組織であれ、野蛮の方向に舵を切ることになる。

「戦わない」と「戦えない」の違いは、そういうことだ。「持ったら使いたくなる」ような輩《やから》にそれを任せてしまったら終わりということ。「戦う力を持ちながら戦わない」というのは、「戦う力がないから戦わない」よりもよほど「戦わない」ことを続けるための倫理的な強さを必要とするし、それはもちろん「持ったから使ってみたい」「持ってることを自慢したい」「使って勝って賞賛されたい」みたいな輩の持ち合わせていない倫理だ。

というわけで、僕らとしては、この野蛮な世界において、「戦えない」と「戦わない」の中間のどこかにある最適な点を模索しなければならないし、それを真摯に探し出す作業のできる人たちを選挙で選びたいのだけれど、あまり見当たらないわけで、とても困ってしまう。それでも、自分たちができる範囲で、せめて何かしたいとは考えているわけで。この本だってそんなできる範囲の拙《つたな》い作業だと思っている。

ケロロ軍曹の「戦わないキモチ」は、おそらくは、「共に生きて」しまったことで生まれてしまったものなんじゃないかと僕らは思う。単純な例で言えば、地球を征服してしまったら誰がガンプラを製造するのか、ということだ。人間を服従させて作らせればいいじゃない、って考えるとしたら、それは間違い。ある社会があって、そこで『機動戦士ガンダム』シリーズが放映されていて、それを子供たちが楽しんで視聴しているから、ガンプラは意味を持つ。ガンプラだけがあればいいってわけではない。どんなものであっても、ヒットした商品は文化を担っている。アニメでも、コミックでも、何かのサービスでも、何かしらの商品でも、それを使ったり見たり利用したりするということは、その背景にある文化をそこに感じ取り、それを楽しむということを含んでいる。だから、日向家の居候になり寝食を共にし始めたことで軍曹の中に「戦わないキモチ」が発生してしまったのは当然のことかもしれない。まぁ、それは先行して侵入し工作するという特殊任務を帯びた職業軍人としてはあってはならなかったことかもしれないけれど。ちなみに、ケロロ小隊の一員であるギロロだけは、家の中では寝ず、日向家の庭に野営している。侵略対象である地球人とは一緒に住めないというギロロの判断は、「侵略者」としてはそれなりに筋を通しているのかもしれないが、それにしても野営地は日向家の庭の中だし、だいたい侵略対象である地球人の日向夏美に恋しているとくれば、「同じ屋根の下で寝ない」のは別の意味を感じざるを得ない。「戦わないキモチ」はガンプラマニアのケロロをはるかに凌駕しているだろう。

寝食を共にする、といい、同じ釜の飯を食う、という。それは、文化を共有することのはじめの一歩だ。もちろん、どんなに長く共に生きようが、異なる文化で生まれ育った者の間で、文化を完全に共有することなどできない。家族ですら、それぞれ異なる文化を背負って生きている。違いにのみ着目してしまえば、私達は家族であってもいがみ合うことになる。逆に、はじめの一歩を起点として、共通することを見出していこうとするとき、たとえそれがガンプラであっても、あるいは他のものであっても、そこから分かり合おうとするようになる。「戦わない」がそこに生み出されてくる。

ただ、それにしても、だ。ケロロ軍曹がそんなふうに「戦わない」を選択できたのには、戦えば勝てるだけの戦力を持つ「余裕」があったのかもしれない。敵地の中にあって、戦えば勝てるという事実が、ケロロをして、地球の文化に目を向けさせたのかもしれない。やはり、力あるものだけが、「戦わない」を選択できるのか、力を保有する者しか「戦わない」を作り出せないのか。そうではないかもしれない。力を放棄しながら、「戦わない」を選ぼうとする者もいる。

夏目友人帳

戦いや力づくでは友達になれない！人と妖とが認め合う世界とは？

夏目レイコは、人には見えない妖《あやかし》を見ることができた。そのために、人からは気味悪がられいじめられていた。レイコはその腹いせをするかのように、手当たりしだいに妖と勝負をし、負かした妖を子分にした。妖力の強いレイコは連戦連勝。あたりのたくさんの妖を子分にしてしまった。レイコは、子分となった証に、妖に自分の名を書かせた。それを綴ったものが「友人帳」だ。友人帳に名前を記された妖は、友人帳を持つ者に名前を呼ばれると逆らうことができない。

レイコの孫の夏目貴志も妖を見ることができた。そしてレイコと同様に周囲の人間からは気味悪がられ、疎《うと》まれた。幼い頃に両親をなくし、親戚の間をたらい回しにされた末、貴志は、かつてレイコが暮らした土地で藤原夫妻に引き取られ暮らし始める。レイコの遺品は貴志に譲られ、「友人帳」もその中にあった。

レイコの暮らした土地の妖の多くは、かつてレイコに名を奪われている。友人帳を手に入れればその界隈の妖を統《す》べることが出来る。だから、妖の中には友人帳を狙う者もいる。以前から妖に脅かされることはあった貴志だけれど、レイコの暮らした土地で友人帳を手にしたために、なおさら妖に狙われるようになる。

貴志によって結界を破られ解放された妖の斑（まだら＝ニャンコ先生）は、貴志が消えるとき（死ぬとき）に友人帳を貰い受けることを条件に、貴志の用心棒となる。ニャンコ先生＝斑に友人帳がどのようなものなのかを聞かされた貴志は、奪われた名を妖に返すことを決意する。

こんなふうに『夏目友人帳』は始まる。貴志（物語中では「夏目」と呼ばれることが多いので、以下では「貴志」ではなく「夏目」と書く）が何故、妖に名前を返そうと決めたのか、夏目の気持ちとその移ろいを描くことこそがテーマのこの作品では、かえってはっきりとは語られないが、夏目にとって、奪われたものを本人に返すことは理由を考える必要すらない自明のことなのであろう。

レイコはとても強かった。だから、妖と戦って力づくで負かし、子分とし、名前を奪った。名を呼ばれれば逆らえない友人帳。言ってみれば、妖という力をレイコは次々と蓄えていった。けれどもレイコは、その力を使うことはなかった。もちろん、使う必要がなかったのかもしれない。レイコはなにしろ強かったのだから。自分に負けるような妖の力なんて、そもそもレイコには必要なかったのかもしれない。けれども、別に戦いに使うだけが妖の使い道ではない。他にもいろいろ使うことは出来るだろう。作中で「妖祓い屋」をアルバイト的に行う「名取周一」が式として妖を使役するように。けれどもレイコが妖の名を呼んで使役することは一度もなかった。そして、名を奪われたにもかかわらず、レイコを慕う、あるいはレイコを気遣う妖もまた、たくさんいた。そしてむしろ、名を一度も呼ばれなかった（召喚されなかった）ことを恨みに思っている妖さえいる。

そもそも、子分の名を綴った名簿がなぜ「友人帳」なのだろう。戦って負かして子分にした者たちの名前を記した帳面の名前が「友人帳」。レイコには、名前を奪うという確かさが必要だったのかもしれない。妖が見えるというだけで、人から疎まれ、嫌われ、一人ぼっちにされてしまったレイコにとって、友人という曖昧で不安定な関係を信じるためには、相手の名を奪うという行為が必要だったのかもしれない。

けれども、夏目は違う。夏目は、友人帳の力を知っても、友人帳を使おうとはしない。それどころか、そこに書かれた名前を返すと言う。

夏目は強くない。もちろん、そこそこの妖ならば、げんこつで振り払うくらいのことは出来る。けれども夏目の日常は、基本的に妖から逃げる日々だ。その夏目が、妖を使役することのできる力、妖という力を得た。それなのに夏目は、その名前を元の持ち主に返すと言う。力を放棄する。悪事を働く妖にさえ、名を呼んで思いのままにすればいいものを、名を返した上で説得しようとする。

もちろんそれが、ニャンコ先生＝斑という並外れて強力な妖が用心棒としてついているから可能になっているのも事実だ。夏目が凶悪な妖に対峙しても、ニャンコ先生＝斑が、窮地から夏目を救ってくれる。だから、夏目は、名を返して説得するというような、場合によっては命に関わるようなことにもなりえるようなことも出来る。

だが、そのニャンコ先生＝斑は、夏目に使役されているわけではない。夏目に名を呼ばれて夏目を守っているわけではない。ニャンコ先生＝斑は、自分の意志で夏目の用心棒をかって出たのだし、夏目はそんなニャンコ先生＝斑を信頼している。それは、『黒執事』のシエル・ファントムファイヴとセバスチャン・ミカエリスの関係とは違う。シエルは自らの魂を報酬として、悪魔セバスチャンと契約を交わし、その契約のもとにシエルはセバスチャンの力を使う。ニャンコ先生＝斑は、夏目が消えた後に友人帳を貰い受けることを条件に用心棒になっているが、ニャンコ先生＝斑が夏目に付き合うのは、契約に基づくものというわけではない。斑に言わせれば面白そうだからであり、夏目に親近感を抱いているからだ。何故ならば、ニャンコ先生＝斑は妖として、今すぐその場で夏目を食ってしまうことを禁じられているわけではないからだ。斑は、自分の意志で、夏目を生かしている。

夏目は、レイコが集めた「名」を返していく。名を返していくにつれて、彼には友人が増えていくことになる。人間の友人も妖の友人も増えていく。友人帳が薄くなっていくに連れて、夏目の友人は増えていくわけだ。レイコは、友人帳の力を使わなかった。夏目はその力を使わないだけではなく、放棄していく。二人とも、そんな力は欲しいと思っていなかった。二人が求めていたのは、やはり「友人」だったのだろう。

けれども、強いが不器用だったレイコは、その強さを使って相手と「戦って」腕ずくでねじ伏せなければ、相手を「友人」にできなかった。友人帳で繫ぎ止めなければ、その関係を信じて受け止めることができなかった。

ケロロ軍曹は、戦えば間違いなく勝てるという余裕ゆえに、「戦わない」を選ぶことができた。「戦わない」を選んで、共に暮らし同じ釜の飯を食っているうちに、「戦わないキモチ」が生まれてしまった。しかし夏目は違う。もともと夏目は強くない。戦える力を持っていない。その夏目が戦える力を手に入れた。そのことで夏目は、逃げるのではなく向かい合うチャンスを得る。夏目はそのチャンスを得て、力を放棄しながら相手に向かい合っていく。そうして、力の介在しない友人を増やしていく。力でねじ伏せるわけでもなく、契約で使役するわけでもなく、互いが相手をそのようなものだと認め合い、時には助け合うような、そんな関係。「友人」。

それはあたかも、平和憲法を墨守することで、侵略しない国、殺さない国、武力を使わない国、武力の保持を憲法で否定している国という信頼を得てきた、これまでの日本と諸外国の関係のような。それは確かに茨の道であったし、日本をとりまく状況の変化につれて、これまでと同様に今後もうまく行くとも限らないとは思う。しかし、仮にそれがうまくいきそうにないからといって、他国や他の人たちとのあいだで、服従―支配、というような関係を構築することが好ましいとは到底思えない。そして、そういうアメリカ的な（もしくは大国的な）やりかたで、アメリカだってロシアだって、結局うまくできてないわけだからね。

僕らは、せっかくここまでそこそこうまくやってきたこのやり方を性急に変えてしまうのは、とてももったいないことだと思っている。私たちは、アメリカやロシアや中国に、「日本はこれまでこうやってそこそこうまくやって来たよ」と教えてあげることのできるというむしろ優位な立場にあるはずだ。

夏目は力を放棄した。放棄することで、友人を得た。おそらくはレイコが望んで果たせなかった夢を実現しようとしている。今、僕らが住んでいるこの国は、「力を使わない」ということを放棄しようとしている。力を放棄することによって、力を使わないことによってこれまで築いてきた何かを捨て、力を使うことで作られる何かの方へ、親分―子分の関係、使役する―使役されるの関係、強いものが弱いものを脅かす関係の側へと移行しようとしている。暴力を行使する魅力が、「戦わない」を凌駕してしまった。そこには人と妖が共に同じ土地に暮らし、時として互いを認め合う、そんな関係は望むべくもない。僕らは、そのことをとても残念に思っている。

妖怪ウォッチ

「交渉がいいな」から「やっつけちゃえ」への急展開、その意味は？

このゲームをやったことがなく、またアニメも見ていなくても、その名前ぐらいはどこかで聞いたことがあるだろう。それほどまでにブームとなったのが『妖怪ウォッチ』だ。ゲームとコミック連載、アニメ、玩具と、典型的な「アニメ・特撮系メディアミックス戦略」をとっているタイトルである。

主人公の小学生「ケータ」は、妖怪ウィスパーの封印をうっかり解いてしまい、それに恩義を感じたウィスパーはケータの執事となると言い張り、「妖怪ウォッチ」をケータに渡す。妖怪ウォッチの主たる機能は二つで、一つは、妖怪を見ることができる機能。もう一つは、妖怪と友達になるともらえる「妖怪メダル」を使って、その妖怪を呼び出すことができる、というものである。あまり役に立たないウィスパーによる助言と、妖怪ウォッチの機能によって、ケータは、自分のまわりに起こるいろいろな問題を解決していく。初期のオープニングは、「この世で起きる不可解な出来事は、すべて妖怪のしわざ。そんな妖怪たちを見ることができる腕時計こそが、妖怪ウォッチです」というナレーションで始まる。

ゲームを中心としたメディアミックスとしては「ポケモン」によく似ていて、キャラや構成は「ポケモン＋ドラえもん」にケロロ軍曹のスパイスを加えた感じとなっている。グッズや玩具の展開は、ポケモンや美少女戦士セーラームーンにも似ているが、まぁそれらにも増して「えげつない」とも言われているらしい。アニメの放映開始から半年ほどの第27話では新しい妖怪ウォッチである「零式」が登場し、まるまる一話がその話題に費やされる。

メディアミックス展開もさることながら、この『妖怪ウォッチ』の特徴は「パロディ」と模倣である。ちなみに、それは、ここまで上手にやれば決して非難されることでも、悪いことでもない。「ドラえもん」や「ポケモン」の模倣とはいうものの、登場人物やキャラクターの対応関係が類似しているというだけであり、決してパクっているわけではない。

また、オープニングテーマである「ゲラゲラポーのうた」の曲調は、アニメ『ちびまる子ちゃん』のエンディングテーマソングとしてヒットした（1990年の年間シングルチャート1位）「おどるポンポコリン」に似ているし、ユニット名も「キング・クリームソーダ」（キング・クリムゾンにちなんでの命名だとされる。ちなみに「おどるぽんぽこりん」のB．B．クイーンズの名前は、B．B．キングに由来するとされる）。エンディングの歌である「ようかい体操第一」の作詞と振り付けは「ラッキィ池田」が担当していて、その動きには既視感と懐かしさが感じられる。アニメ第25話からはエンディングが「ダン・ダンドゥビ・ズバー！」に変わるが、こちらは「ビリーズ・ブート・キャンプ」のパロディ。

さらにほとんど毎回と言っていいほど、小ネタ的なパロディが組み込まれている。第1話で、走ってくるトラックの前でジバニャン（交通事故で死んだ猫の地縛霊）が叫ぶのは「僕は死にましぇ～ん」だし、第2話で、ケータがショックを受けて白目になるシーンは、「ガラスの仮面」のパロディだし、第5話では「明日はホームランだぁ！」とケータが叫ぶが、昔の吉野家のCMのパロディ、第25話ではジバニャンが生きていた時期に戻されて飼い主であるエミと自転車でジャンプするシーンがあるが、「E．T．」のパロディ。他にも無数のパロディが全編にわたってちりばめられている。こういうの嫌いじゃないけどね。

ここまで徹底されれば、むしろ脱帽かと。で、普通、こういうものがうまく行くことは少ないのだが、『妖怪ウォッチ』は稀有な例外であるかとも感じられる。つまり、アニメとしてもゲームとしても大ヒット。

『どろろ』『ゲゲゲの鬼太郎』『ドロロンえん魔くん』『地獄先生ぬ～べ～』等々と、妖怪もののコミックやアニメは昔から多くあるものの、そのほとんどは、妖怪と戦う能力を持った主人公が次々と「妖怪退治」をしていくという話だ。例外は、『夏目友人帳』であるが、この『妖怪ウォッチ』と『夏目友人帳』は、似た構図を持っている。それは「戦わない主人公」という構図である。『夏目友人帳』アニメ版は、２００８年、２００９年、２０１１年、２０１２年の放映であり、コミックの連載はまだ続いていて続編が制作される可能性もある。『妖怪ウォッチ』はゲームの発売が２０１３年、アニメは２０１４年放映開始であるが、この二つの「戦わない主人公」の妖怪ものというのは、奇しくも、双方ともが近年の作品である。

アニメ第1話では、ウィスパーは、妖怪への対処法は「交渉、もしくは力づく」だと言うのだが、主人公のケータは「交渉がいいな」と言う。そして、ケータが妖怪と対峙したときの決めゼリフは「じゃあ、友達になろう！」であった（これが過去形の表現であることに注意しておいてほしい）。

ケータの目的は、発生している問題を解決することである。問題は毎回様々なものであるが、「場の雰囲気が悪くなる」とか「秘密を話してしまう」とか「忘れ物をする」などというような、他愛のないことがほとんどである。その原因となっている妖怪には、何らかの事情がある場合もあれば、特に事情がない場合もあるのだが、それをケータや、すでにケータの友達となっている妖怪が召喚されて、説得することになる。

まぁ当たり前のことであるが、仮に相手を屈服させたとしても、問題の解決につながらないことが多い。また、相手が屈服してからの一定期間は問題は収まったように見えるが、実際のところそこに新たな火種が生まれているという例には事欠かない。まぁこの本は日本語で書かれているものだし、オバマ大統領とか、プーチン大統領とかが読む可能性は限りなくゼロに近いけれども、それって大事なことだよ、と敢《あ》えて言っておく。「イラク戦争」と「自称イスラム国」のことだよ。

だからケータは、「交渉と合意形成」を選ぶ。いや、僕らが心理学系の学部学科出身だったり文化論やコミュニケーション論を専門の一部としているからそう言うわけではなく、問題解決の手段として「交渉と合意形成」以外にまともなものなどないから、それを専門としているわけでね。だから、この『妖怪ウォッチ』の第1話を見たときには、いや、すごいアニメが出現したものだ、と思ったりもした（これも過去形ということに注意）。

アニメ第14話あたりから「交渉」「説得」よりも「力づく」での解決が多く見られるようになり、さらに第27話での「妖怪ウォッチ零式」になる頃には、妖怪と戦うことが多くなってくる。ケータのセリフも「〇〇（妖怪の名前）を倒そう！」というようなものが増えてくる。交渉を通して妖怪を説得し、問題を解決していくという初期の構図が崩れていくことになる。『夏目友人帳』と比べると、対象層も雰囲気もまったく異なるものの、初期のストーリーは似ている部分もあった。しかし、ケータは妖怪を「友達」と呼ぶものの、自分が必要なときに妖怪ウォッチを使って呼び出し、自分の利益のために使役しようとすることが次第に増えていく。「俺の友達、出てこい〇〇（妖怪の名前）」とケータは言うが、いやいや、そういう呼び出しかたをするとしたら、それはもう友達ではなくしもべだからね。『夏目友人帳』では、斑＝ニャンコ先生や、ヒノエや三篠（みすず）という「強力な」妖怪を、夏目は、どんなに困ってもそんなふうに召喚したことなんかないよ。友達って、呼び出せば来る強力な助っ人ではないからね。だから、斑やヒノエや三篠は、夏目が困ったときに自発的に来るのだし、自発的に助ける。そして自分を「呼ばなかった」夏目をなじったりもする。そういう関係性は、『妖怪ウォッチ』には感じられない。

また、同様に第25話を越える頃から、パロディが小ネタではなく、ストーリー全体を覆うおおがかりなものとなっていく。しかしパロディのネタ元は「太陽にほえろ」「3年B組金八先生」などの古いテレビ番組で、到底小学生が知っているものではなく、それが小ネタである分には気にもならないだろうが、全体を覆うものになると、どうなのかと感じてしまう。ちなみに「太陽にほえるズラ！」というタイトルの話は、第1話「人質」から最終話「殉職」まで、全部で8話も放映されているのだが、さすがに厳しいのではないかと心配になってくる。だって、『太陽にほえろ！』が放映されていたのは１９７１年〜１９８６年で、１９８６年に仮に15歳（小学生は『太陽にほえろ！』は見てなかったんじゃないかな）だったとしても２０１４年には43歳ぐらいになってるはずだから、２０１４年での小学生の親の層よりもかなり上の年齢層ではないかと。

つまり、なんだかよくわからない迷走が始まっていたように感じられてならない。

少なくない人は、僕らが美しいと感じる動機（つまり「キモチ」）を持っていて、その気持ちに基づいて何らかのことを始めたりすることもあるのだけれど、現実に直面して諦めたり挫折を余儀なくされたり、迎合したりする。メディアミックスとか産業とか興業とかの中にいればいるほど、そういう現実に直面することは多いだろう。だからこそ、僕らは、この『妖怪ウォッチ』の初期の設定と、中盤以降の変節を、考えなくてはならないのだと思っている。単に批判したり非難したりすることからは、何も生まれないから。

ただし、そもそも『妖怪ウォッチ』で僕らが美しいと感じる動機そのものも、この制作者たちにとってはパロディだったのではないのか、という疑義を感じないわけでもない。もともとの設定にすら制作者は愛着を持っていたわけではないかもしれない。それどころか、『夏目友人帳』をパロディ化し、「やっぱり友達っていいったって、しょせんは役に立つか立たないかだよね」と描こうとしたのが『妖怪ウォッチ』だったのではないかとさえ思えてくる。

パロディには、その方向性において大まかに二つの種類がある。一つは「対象の価値や意義を無化する」という方向性を持つものであり、その意味や意義を貶める類のパロディである。もう一つは「対象のある側面を強調する」という方向性を持つものであり、その意味や意義が重要なものだと指摘し、「ここを見るべき」と注意を喚起するものである。前者のパロディがまったく意味がないとは思わないし、社会的な効用もあるのだろうと考える。なぜなら、「怖い」と思われているものを「怖くないよ」といい、「強大な力」だと思われているものを「小物だよ」というからだ。そういうパロディは、それに対抗しなければならない人たちに力を与えてくれることもあるし、そのパロディの対象となった存在の本質を見極めることができるようなものであれば、なおさらである。一方、後者のパロディは、「ここが重要だ」という示唆を伴う。デフォルメという枠組みでは、前者と区別しがたいが、そのとき「強調された側面」に対しての判断は読者や視聴者に委ねられている。僕らが考える限りでは、後者が「よいパロディ」であるのだが、その区別は難しい。

しかし、ある制作者や作者や書き手が、全編にわたってパロディを展開している場合には、それらの総体から推測することができる。つまり、そう考えれば、このアニメで全編に散りばめられたパロディもその意味が見えてくる。その観点から再度『妖怪ウォッチ』を考えるならば、すべてを茶化しているようにさえ思える。そして、繰り返しだが、「友達なんて役に立たなきゃ意味無いじゃん」と言っているようにも見える。極めつけは、そしてこれこそが『妖怪ウォッチ』の本質であり制作者を貫く唯一一貫した思想なのだと思うけれど、それは「この世で起きる不可解な出来事は、すべて妖怪のしわざ」だという観点である。夫婦げんかですら、『妖怪ウォッチ』にとっては、「妖怪のしわざ」なのだ。『夏目友人帳』では、妖《あやかし》は、人とは異なる存在だ。夏目にはその妖が見えてしまう。人とは異なる存在が、人とは異なるあり方をしながら、夏目にとっては自分のいる人の世界と関わっている。夏目は人の世界に足をおきながら、妖の世界を受け入れようとする、関わろうとする。そこで自分が変わり、夏目とかかわる妖もまた変わっていく。異質なものとの出会いとそこでの相互の変化が、『夏目友人帳』の描く「戦わないキモチ」だと僕らは思っている。けれども『妖怪ウォッチ』では、「人の世で起こる悪事のすべてが妖怪のしわざ」なのであり、その妖怪を手なずけるのに「友達になろう」という譲歩を持ち出すが、それが効かないとなれば、「じゃあいいよ」と力づくで言うことをきかせる。それなら、いかに友達になるといったって、その友達は、結局のところ自分が都合よく使える「しもべ」でしかないんじゃないの。そういう歪んだ関係性は、子供の社会の「いじめ」の構図の中に顕著に見えているものと同じじゃない？　「お前、友達だよなぁ。友達なら、俺が困ってるんだから、力、貸してくれるんだろ？」という具合だ。その根にあるのは「お前は、どうせ妖怪なんだからね」という蔑《さげす》みの気持ちではないか。そしてそれは、「五族協和」「八紘一宇」などと言いながら、結局のところは他者を下に見て支配したり、「教化」したりしようとする対象としか見ていなかった、かつての僕らの国の人間と変わることはない。「全部お前らのせいなのだから、お前らを正しい方向に導いてやるよ。そうすればこの世界は良くなるんだ」という優越思想にしか見えない。

話し合いで解決するよりも、力づくで解決するほうが多くなるのは、まさに今の雰囲気を反映しているのだろう。もともと『妖怪ウォッチ』は、この世界を全部茶化している。「力づくってていうより、話し合いっていう設定のほうがいい？　じゃあ、そうするよ、そのほうが売れるんならね」という具合でとりあえず番組をスタートし、視聴率が低迷したので「てこいれ」と称して、設定や基本理念まで変更したのではないか。いや、そもそもテレビのことなので、それはそういうものなのかもしれないけどね。

『妖怪ウォッチ』は、その実、全てを他者のせいにして、自分の中の「影」をすべて妖怪（他者）としてくくりだす。当たり前のことだけど、雰囲気が悪くなるのだって、秘密を暴露してしまうのだって、忘れものだって、本当は、自分を含むその当事者のせいでしかない（もちろんそのことは子供であろうが視聴者もわかっていることだろうと思うが）。しかし、世の中の問題も全部妖怪のせいにするという考え方は、原因帰属を考えるという上では害をなす。自分が仕事がないのは外国人労働者のせい、みたいなね。そうして友達づらしてきつかったり、力づくで排除したりする。『妖怪ウォッチ』は、劣化版『夏目友人帳』ではなく、『夏目友人帳』の思いをパロディ化し無化するという意味ではまったく真逆の方向性を持っている。そして、まさにそれこそが「妖怪」のような存在だと、僕らは感じている。

別にそれはたかがアニメのことだからどうでもいいといえばそれまでだろう。しかし一方で僕らは、このアニメの初期の設定に美しさと新しさを感じてしまったので、どうしてそれが壊れていったのかを知りたいと思っている。だって、ここまで明確に「戦わない主人公」を打ち出していたということは、そこに何らかの思いがあったと感じざるをえないから。そして、それがもしも挫折したのなら、その理由を知りたいと僕らは考える。正しくあろうとし、美しくあろうとするのは、たいへんだ。そういう僕らだって、それなりに面倒な問題に巻き込まれたり、泥にまみれたり、結局妥協したりしているわけでね。そして僕らは、『妖怪ウォッチ』の制作者たちが当初にもっていたと（まぁ僕らが勝手に想像しているだけではあるのだけど）思うそれが、どうして変節してしまったのかを知りたいし、可能な限り、助力したいと思っている。そういう努力を続けることが、僕らに与えられた仕事だと思っているから。

はたらく魔王さま!

戦うことより自分が日々変化し成長してゆくほうが楽しい!

『はたらく魔王さま!』の主人公は「魔王サタン」である。魔王サタンは、「エンテ・イスラ」という世界において、(その世界の)人間たちを侵略する戦いを繰り広げている。「魔王」なのだから、まぁそれは当然の成り行きだろうが、当然、人間側もただ侵略されているばかりではなく、勇者や神官が先頭となり、魔王軍と戦っている。

魔王サタンは「勇者エミリア」たちの攻撃を受けて撤退を余儀なくされ、部下である「悪魔大元帥・アルシエル」とともに、この世界（つまり現代の日本）へと避難することになる。

と表現すると、このアニメや原作を見ていない人にとっては、なんだかありがちな「魔界戦記もの」のように思えるだろうが、魔界戦記的な描写は、アニメ版第1話の冒頭4分ほどだけで終わってしまう。ちなみに冒頭のこの魔界戦記的戦闘シーン（つまり4分間）はとても迫力があり、これからどんなにすごい魔物と人間の戦いが展開されるのかとワクワクしたものだ。人間は魔物に勝てるのか？　そもそも人間と魔物が戦うとはどういうことなのか、などなどと想像の翼が拡がり、そのあとの展開への期待もハンパ無かったと記憶している（小説は読んでいなかったので……）。

ただし、アニメ第1話の4分過ぎから、あやしくなってくる。避難とはいうものの、「ゲート」を通過することによって魔王サタンも悪魔大元帥アルシエルも人間になってしまう。彼ら2人は警察官に職質され、その怪しすぎる身なりと態度により、警察署に連行され、任意の聴取を受けることになる。そこで、聴取担当の警察官に「カツ・ドゥーン」（エンテ・イスラ風の発音）なる食品（カツ丼）をおごってもらうことになるのだが、さすがに魔王サタンは食べるのに躊躇する。しかし魔王サタンが、「悪魔大元帥アルシエル」が聴取されている部屋に行くと、あろうことか、アルシエルはそれはおいしそうに食べている。『ケロロ軍曹』のところでも考えたとおり、食事は「共に生きる」ということの基本を構成する。ある文化の代表的な食品を食べるということは文化体験のはじめの一歩であり、仮にそれをおいしいと思ったりすれば、それは文化の共有を意味することになる。

2人は、少々残っている魔力に基づく催眠術的な力を使って「この世界」のことを知り、警察から逃れることができる。同様の力を使い、「真奥貞夫《まおうさだお》」と「芦屋四郎《あしやしろう》」として戸籍登録し、銀行口座を作り、「身元不確かな者」であっても許容してくれるという大家の善意（かどうかはわからないのだが）で、笹塚にある六畳一間風呂無しのアパート「ヴィラ・ローザ笹塚」２０１号室を、新しい「魔王城」とする。で、ここにいたり、魔力を使わずに金銭を稼ぐしかなくなり、バイトを探した結果、幡ヶ谷駅前のハンバーガーショップ「マグロナルド」で働くことになる。

まぁもうそうなれば、普通のフリーターの生活と同様のものとなり、魔王（真奥貞男）は、時給が百円あがっただの、バイトリーダーになっただのということを嬉しそうに「悪魔大元帥」であるアルシエル（芦屋）に報告することになる。

この『はたらく魔王さま！』を戦わない主人公に分類して論じることが妥当ではないと感じる向きも少なくないだろう。なぜなら、魔王サタンであれ（その人間の姿である）真奥貞男であれ、ストーリー中では常に戦っており、むしろ戦っていない瞬間を探すことのほうが難しいようにも見えるからである。

ただしその戦い方は、エンテ・イスラにいるころのものとは異なっている。アニメ第2話では、この世界まで追いかけてきた「勇者エミリア」に見つかってしまい、魔王城（アパート）に押しかけられて、こう啖呵《たんか》を切る「俺たちはお前に見つかったからって、引っ越す金もない。だからここに住んでる。この魔王城から俺の新たな世界征服事業を始める。」「フリーターのあなたがそんなことできるの？」と勇者エミリアに詰問《きつもん》され、「俺は日本を征服するつもりでいる。マグロナルドにはなぁ、アルバイトが正社員になれるシステムがあるんだ。」と言う始末。つまり戦うキモチがなくなったわけではなく、段階を踏んでいる、ということなのだろうが。また、その後も、ときおり「エンテ・イスラ」から到来する敵と戦って撃退したりもするが、散発的なものであり、それは「降りかかる火の粉を払うための戦い」である。つまり、積極的な戦いには見えないし、魔王サタンとしてエンテ・イスラで持っていた戦う理由は、次第に希薄になっていくように見える。人間の恐怖心は彼らの魔力の源になるので、アニメ第5話でエンテ・イスラからやってきた別の悪魔大元帥であるルシフェル（漆原）の言うように、「この世界を恐怖と絶望に満たせば、エンテ・イスラに帰れるほどの魔力だって得られた」はずであるはずなのに、それを行おうとはしない。魔王は、それに対して「俺、この世界、結構好きなんだよ」と答える。

アニメ版では、魔王サタンの戦う理由は、「人間世界を支配し、すべての闇の生き物たちの王道楽土を建設する」ことだと説明されている。つまり、同族である「闇の生き物」の幸福追求ということにでもなろう。ことによると、エンテ・イスラでは魔王サタンや闇の生き物たちが迫害を受けていたかもしれないが、もしそのような何らかの事情があるなら、真奥貞夫は何よりもエンテ・イスラに帰ることを目指さなくてはならないはずなのだが……。

おそらく、戦う者は必ず間違いを犯す。しかし、戦わなくては得られないものもあるし、戦わないことが不正義となる場合もあるから、ちょっと面倒なことになる。なぜなら、私たちは万能ではないし全知ではないからだ。完全に正しい戦いがあるというのであれば問題は簡単だが、私たちは全知ではないので、必ず間違う。しかし一方で、その間違いを恐れて戦わないのであれば、「正しくないかも知れない」人たちの考え方に支配されることになってしまう。だから、私たちは自分が正しくないかも知れないと思いつつも、戦うことになる。

これは哲学の世界では何百年も（下手をすると数千年も）繰り返されてきたことだ。私たちは「正しくなりたい」と感じているが、それは相手を論破して、自分の正しさを確認することではない。そうではなく、自分とは異なる考えを持っている人の真意を知り、それによって自分の考えが変化することを期待している。二人いたら、その二人がともに認める「正しさ」に到達したいと考えているし、百人いればその百人が、1億人いればその1億人の全員が心の底から認められる「正しさ」に到達したいと考えている。しかし一方で、哲学者の中にもあまり頭の良くない人たちがいて「ある立場を擁護するための論」を考えたりする。哲学だろうが何だろうが、ある立場や論理や思考の筋道を「守ろう」と考えたときに腐敗する。

守るための議論なんて、どうとでも捏造できるし、多少練習すれば、かなり強力な議論を構成することだって出来る。

議論でも戦争でも、守るために戦うということは、自分に何らかの役割があると感じていたり、自分の立場があったりする場合が圧倒的に多い。もちろん「自分のためにだけ戦う」という場合だってその例外ではない。だから、重要な役割を持っていたり、重要な立場に就《つ》いていると自認する人は、「守るため」という戦うキモチを持つ場合が多い。けれどウルトラセブンのところで考えたように、ある側が絶対的に正しいなんていうことはない。だから、当たり前だけどここで述べている僕らの考えが絶対的に正しいということもありえない。

「魔王」というのが役職なのか地位なのか、よくわからないけれど、まぁそのようなものだろう。真奥貞夫は、魔王サタンであるとき、その立場に縛られていた。この世界に来て六畳一間で貧乏暮しをするフリーターである真奥貞夫になったとき、実質的に魔王という立場から解放され、同時に戦うキモチも薄れたのではないだろうか。

立場が人を作るという。それは、ある立場や役職や役割をもったときに、それに応じて「戦うキモチ」が発生し、その戦うキモチが人の能力を何段階も上昇させることがあるということだ。立場は人を作るが、立場は人を戦うキモチに駆り立てることもある。だから立場や役割を離れて考えることが大事なのだ、などと主張するつもりは毛頭ない。「自分の立場を離れて考える」ことなど、どれほど優れた人間でも不可能であるからだ。しかし逆のことは言える。「勝手に自分の立場や役割を捏造して」戦うキモチを持ってしまうのが愚かだということだ。たかがある一時期に総理大臣という役職に就いている者でしかないのに、日本を守る王にでもなったように錯覚して戦うキモチを募らせる人とか、少々日本の歴史を学んだ者でしかないのに、日本の文化の庇護者にでもなったように錯覚してヘイトスピーチを繰り返す人とかね。あなたたちに与えられている立場や役割は、そんなにすごいものじゃないよ。あなたは「王」じゃないし、「勇者」でも「戦士」でも「神官」でもない。もちろんだけど僕らもね。

実は僕らは、人が、それぞれ相応の立場や役割を適切に自認し、その範囲内でしっかりと「自分基準」を切磋琢磨していくだけで、充分にこの社会は良くなっていくはずだというきわめて楽観的なことを考えている。そのために必要となる仕組みや制度や法律は、まぁ完全であるわけではないけれども、そこそこ整備されていると思っている。僕らはいちおう学者とか研究者とか呼ばれる生業を営んでいるので、そのようなことを小声でささやくことは、自分たちの役割だと思っている。でも、僕らは小声でささやくことが大切だと思っているので、(そんなことは起こらないと思うけど) 僕らの言葉がもしも届きすぎるようなことがあれば、そこには何かしらの問題にしなければならないことが有るに違いないと、そのときの僕らはきっと思う。

魔王サタンが真奥貞夫に変化して、そこに何が発生したのかを考えることが、この『はたらく魔王さま!』というアニメではとても重要だと感じられる。真奥貞夫はこの世界で様々な人と触れ合い、その人たちの価値観や考え方に触れ、また、この世界の文化に触れ、自分の中に新たな価値観を生み出していく。共に生きること、そして対話と合意が、私たちを変化させ成長させ、この社会を良くしていく力となる。そしてもう一つ、自分を他者に重ねること。

『はたらく魔王さま!』で、僕らが美しいと感じるシーンはたくさんありすぎるけれど、最たるものは、第1話で真奥貞夫が恵美(勇者エミリア。ただしこのとき貞夫はそれに気づいていない）に横断歩道でビニール傘を貸すシーンである。雨の降る灰色の世界にあっても、人は人のおかれた状況に思いを致すことができる。どれほど自分が置かれている状況が悪くても、人は、人のために何かをすることができる。「闇の生き物たちの王道楽土を建設する」という魔王サタンの野望が決して立場によるものではなく、その思いの根底にあるものを、人間になってしまった真奥貞夫は保持し続けている。そしてそれこそが彼の「戦うキモチ」もしくは「戦わないキモチ」であるのだと感じる。

戦う意味と「期待利得」

おジャ魔女どれみ
魔法のプリンセスミンキーモモ
魔法の天使クリィミーマミ

魔法少女たちの「戦う意味」と「期待利得」の関係とは？

とりあえず三つのアニメのタイトルをあげているが、「魔法少女もの」に分類されるアニメの主人公は、そもそも「戦わない主人公」の典型であった。「魔法」という力を持っているものの、それを戦いには使わないというのが、魔法少女ものアニメの基本的構図であった。それが変わったのは「美少女戦士」の枠組み（つまり『美少女仮面ポワトリン』を端緒とし『美少女戦士セーラームーン』以降）においてである。

魔法少女は「戦わない」のが定番であり、それは一重に、戦いが必要な状況設定がなされていないからだ。もちろん毎回何らかの問題は発生するが、敵が現れるわけでもないし、戦って撃退することによって解決するようなものではない。

つまり、長らく「女児向けアニメ」の主流を担っていた魔法少女ものアニメの基本図式は「変身」と「物質生成」を中心とする魔法によって問題解決を図るというものであって、そもそも戦闘魔法を兼ね備えてない。まぁ簡単にいうと「成長」もしくは「偽装」「着飾ること」、さらには「経済」の、魔法による実現であると考えられる。古くは『魔法使いサリー』『秘密のアッコちゃん』などでも、それらの構図は同じであった。

だから彼女らには、戦闘する理由も必然性も、また能力も、無かった。「大人の女性になること」「着飾ること」「経済力を持つこと」の三つの力を持っていれば、蹴ったり殴ったりミサイルを撃ったりというような暴力的戦闘を行わなくても、目的は達成できるという構図であったと考えられる。

この章では、「敵」（もしくは対立・対抗しうる対象）が存在して、「戦うか戦わないか」を選択することができるにもかかわらず、「戦わない」ことを選ぶいくつかの主人公について考えてきたのだが、かつての魔法少女ものアニメには、そもそも「戦う」という選択肢そのものが存在しない。なぜなら、そこには「敵」もしくは問題解決の阻害要因となっている対象者が「明確な形では」存在しないからである。これはとても重要なことだと僕らは考えている。なぜなら、多くの場合、問題解決を阻害する要因は「ある個人や組織」などではないからだ。自分が「なりたいと思う何か」になれないのは、それを邪魔している人がいるからではない。自分が、この世界や社会を「そうしたいと思っている状態」にできないのは、それを邪魔している人がいるからではなく、この世界の人々の多くがそれを望んでいないからだ。たとえばあなたが高い戦闘能力を持っていたとして、その能力を使って何かになったり、世界をあなたが考える状態に変化させたりすることができるのかを考えてみると、そのことはよくわかるだろう。

となれば、それらの目的にかなう「能力」は、心変わりをさせる力であるということになる。しかしながら『おジャ魔女どれみ』では、心変わりをさせる「精神魔法」を使うことは禁じられていて、使ったことがバレると罰を受けることになる。『魔法のプリンセスミンキーモモ』で第1作（通称「空モモ」：モモの出身地「フェナリナーサ」が空にあることからそう呼ばれる）では変身魔法のみで、第2作（通称「海モモ」：出身地「マリンナーサ」が海にあることからそう呼ばれる）では、モモはその能力を持っているようだが、ほとんど使うシーンはない。また、『魔法の天使クリィミーマミ』では、マミが使える魔法は「変身魔法」だけである。

「精神魔法」（つまり、心を操作できる魔法）を、使えるのだけれども禁止行為とした『おジャ魔女どれみ』は特筆に値する。それは、「それが可能なら、何でもありになる」という暗黙の了解事項だったことを、敢えて物語の中に組み込んで「禁止」したからだ。僕らは当時も随分大人だったので（大人だったのに『おジャ魔女どれみ』を見ていたのか、とかは禁句）、「そりゃそうだよ」と感じたりもしていたが、若年層視聴者に与える影響は異なるものだったであろうと推測される。なぜなら、「誰かの心を動かす」ということが結局のところの目的なのだから、直接的に魔法でそれができるのであれば、そもそも物語として成立しないからだ。自分が持っている能力によって、誰かの意見や考えを変化させることができるということから、それが物語として成立するのであって、いきなり変化させるのであれば、何でもできることになってしまう。

ほぼすべての物語は、主人公が誰か他人を心変わりさせるか、さもなければ主人公が心変わりするという構図を持つ。また、主人公の心変わりは、すなわち成長である場合が多い。だから、直接的に「精神」をいじることができる魔法が御法度なのは、その物語内部の論理においてではなく、物語を成立させている「メタ物語（その物語が語られる世界においての物語）」による。それを物語内部で語ってしまったのが『おジャ魔女どれみ』であるのだが、その試みは素晴らしいものの、うまくまとめることができなかったのではないかと僕らは感じている。ただし、それをうまく収束できるストーリーテラーが現代の世界のどこかにいるとは思えないけれども。もしもあなたができると思うなら、挑戦してみて欲しい。この問題を解消できるストーリーや設定ができたなら、それは、どこに持ち込んでも、恥ずかしくないはず。ただし、採用されるかどうかは、それを読むプロデューサーの能力によるので、蹴られることはあるだろうけれどもね。

「戦う」というのは、仮に相手を特定できたとしても、その相手を心変わりさせる方法の（あまり効果的ではない選択肢としての）一つではあるけれども、それほど有効なものではない。ましてや、前述のように、あなたが目的としていることがあったとして、それを阻害しているという意味での「戦って倒すべき相手」がいるわけではない。

「どれみ」も「モモ」も「マミ」も、戦わない。そもそも「戦う」という能力を持っていない。彼女らが使うのは、主として「変身」である。それは、子供のままでは説得もできないので、大人に変身するということを意味している。さらに普通の大人に変身しても説得は難しいので、関連する職業の大人に変身する。そして、それでもうまくいかないので、さらにその変身した状態で工夫をしたりと努力する。

ここで僕らが少し不思議に思うのは、「戦う」というあまり効率的ではない方法を提示しつづけていた男児向け・少年向けのアニメやコミックを見ていた層（つまり男性層）に比べて、むしろ効率的な方法を提示していた女児向けの魔法少女ものを見ていた層が、どうして、もっと勝てなかったのかということのほうである。いや「もっと勝てなかった」というのは曖昧な表現であり好ましくないので言い換えるなら、「もしも、かつての魔法少女ものアニメがその当時の女児層に影響を及ぼしたのであれば、もっと勝てたであろう」ということになるのだが、まぁこれも挑発的な表現であって、あまり好ましくないね。

この議論において、僕らが何を言いたいのかというと、「戦う」ということであっても、多くの場合は何らかの最終的な利得を求めるはずだということ。そして、利得を求めるのであれば、「戦う」のと「他の方法」とのあいだで、期待利得についての議論があっていいはず。一方で、ここで考えたかつての魔法少女アニメでは、「戦う」という要素がそもそも存在せず、説得という方法を使って何らかの目的を達成していた。

重要なのは、もしかしたら長らくのあいだ当たり前と思われて来た、その枠組みが廃《すた》れてしまい、今や「魔法少女」といえば戦うのが当然という感じになってきているのではないかという点なのだけれども。

「対話して合意したりするよりも、戦って屈服させたほうが期待利得が大きい」という世界は、当然のことだと思うけれども、好ましくない。しかし「期待利得」というのは常に仮想のものであるから、この世界のありさまや仕組みや他の人たちの状況によって、様々なものとなる。そして、世界の状況を正確に読み取ることを諦めて、「戦って屈服させる」ことが手っ取り早いし、かつ正しいのだという議論が優勢となっているように感じる。もちろん、その考え方が間違っている可能性と同様に、「対話して合意できる」可能性だって低いし、おそらく間違っている。つまりどっちも間違っている。魔法や呪文で解決できるなら、もちろん別の方法があるだろうけど、現実社会にはそれは存在しないからね。地道な方法で解決していくしかない。で、僕らが考えるのは、魔法の無い世界で、「戦う」と「対話する」のどっちも結局間違っているなら、「対話する」ほうがいいんじゃないの、ということ。

蛇足ながらごめん。53歳だけど呪文暗記してた。「ピーリカピリラポポリナペンペルト」（ドン引くよね）。

物語が持つ影響力とは

アニメや特撮やコミックは「物語」である。そして物語とは原則として「嘘話」である。もちろんここで「嘘話」というのはフィクションという意味であり、物語という意味ではあるのだが、まずそのことをきちんと理解しておく必要がある。

かつて、「一杯のかけそば」という話が、実話として地上波で繰り返し放映されたことがある。夫を事故で亡くした母とその二人の子が、大晦日の日に蕎麦屋にやってきて、夫が好きだったというかけそばを一杯だけ注文する。そして、それが年に一度の贅沢だと言う。蕎麦屋の主人は半人前を増量してかけそばを出し、母子はそれを分け合って食べる。翌年の大晦日にも母子はやってきて一杯注文し、その翌年は二杯を注文するが、そのうちやって来なくなる。そして十数年後、成人した二人の子と母がやってきて、三杯注文する、という話だ。

多くの人がその話に感動したらしいのだが、実はそれが作り話ではないのかという疑惑が生じ、その感動の輪が急速に萎《しぼ》んだという。もしもそれが「実話」なら感動するが、「嘘」なら感動しないというのは、どういうことだろうと考える契機となったという意味で、よい（というか教訓的）事件であったと思う。

私たち人間は、事実から学ぶようにできている。たとえその事実が、私たちの常識から遠くかけ離れていようが、ありえないと感じられることであろうが、「事実」は重い。これは生命体としての人間が効率よく生存し続けるために獲得してきた性質である。私たちが習得してきた事柄に反するような事実が提示されたら、それに過敏に反応することが、自分の生存にとってきわめて重要なことであるからだ。つまりそれは例外事例である。しかしそれが嘘であるなら、その限りではない。「一杯のかけそば」の話が事実として発生していたことなら、私たちはそれに感動するが、それが嘘話なら、感動など発生しないというのは、私たち人類が持つ基本的な仕組みによる。

まず、前述のとおり僕らは、嘘話もしくはコミックや小説やアニメなどによって、勇気づけられたり、元気をもらったりすることは無いと考えている。これも繰り返しだが、それは嘘だから。私たちが勇気づけられたり、元気をもらったりするのは、現実にそれが起こったという「事実」によるものでしかないはずだと考える。たとえば、正しいことをして褒められました、という話は、それが「事実」であれば勇気づけられる。なぜならそれが本当に起こったことだからだ。どんなにそれが非論理的なことであっても、事実として発生したというのなら、それを否定しにくい。つまり事実は重い。たとえ論理的に考えてどんなに信じがたいことであっても、それが事実なら記憶にとどめ、それをもとに自分のとるべき行動を判断しなければならない。

もちろん、一方で、私たちは物語から学ぶことができる。なぜなら物語とは、「もしもAであるならば、Bである」といういわゆるif-thenの関係を要素（論理要素）とし、それを提示するからである。たとえば浦島太郎の物語では、「もしも困っている対象がいたら、その対象を助けたほうがいい」というif-then関係が提示されており、さらに「もしもある対象を助けたら、利得が得られる（竜宮城に招待される）」というif-then関係が提示されている。「一杯のかけそば」という話には、そのようなif-then関係は存在しないので、それは事実の提示ではあるかも知れないが、物語ではない。当たり前だが「事実の提示」は、その事実性が損なわれれば何の意味もない。一方で、物語はそれが虚構であっても意味を持つ。なぜなら、そもそも「もしも～であったならば」という条件があるからだ。したがって、物語においては、ある条件下において選択すべき行為のヒントを見出すことが出来る。自分がどうするのかを考えるときの、幅を広げることはできるかもしれない。しかしそれは「勇気づけられた」などと表現できることではない。まず、「勇気づけられた」ということの意味を考える。それは、普通に考えて、Aという行為を選択しようとしているのだが、その根拠が希薄なので躊躇していたところ、ある提示αによってその根拠が得られた、ということを意味する。「元気が出た」ということでも同様であり、視聴者（読者）が何らかの行為を選択しようとしているのだが、それに臆しているときに、それを後押ししてくれる（その行為に積極的な意味を付与してくれる）という意味であろうと推測される。

しかしながら、やはり、物語であっても、if-then関係を持つ論理であっても、やはりそれが虚構であることには変わりない。だからそれに騙されてはならないと僕らは警告したい。「愛は地球を救う」はずもないし、「あの人のことを思い続けてれば必ずその思いは通じる」わけもないし、「清らかに正しく生きていれば幸福になれる」わけでもない。いや、そういう論理や物語は美しいかもしれないけれど、つねに眉唾であるし、それを採用することが悪いとは思わないけれども、よく考えて採用しなければならないと、僕らは思っている。

特に、この国には、最近になって、国民を「物語」によって鼓舞して戦わせようとしている人がたくさん出てきたようにも思える。僕たちに降ってくる物語は、アニメやコミックや小説を通してのものばかりではなく、学校教育や教科書や宣伝広告を通してのものもある。かつて使われた「ボクラ少国民」とかと同じで、古臭い手口だとは思うけれども、歴史上のいろいろな時点・地点で、人間はこの古臭い手口に何度となく騙されてきた。一方、僕らは、自分たちの中にも「戦うキモチ」があるのを当然知っているし、その一部は、僕ら自身が見てきたアニメやコミックや特撮によって影響を受けてきたことも知っている。それをもう一度検討しなおして、そこにある論理が本当に妥当なものであるのかを確認することがとても大事だと思うし、それは僕らが日ごろ行っている学問的研究や教育とも、その目的が共通していると考えている。

Act.3
敵の分析

敵たちは、 なぜ戦うのか？
彼らの戦う理由とキモチを探る!

死ね死ね団
『レインボーマン』

平成仮面ライダーシリーズになると、例えば、『仮面ライダークウガ』のように、怪人がなぜ人を襲うのかということ自体が、物語を駆動する謎としてその中に組み込まれたりもするが、昭和の頃はもっと単純だった。敵は何者であるかをさっさと明示し、正義と悪の戦いというフレームワークを設定してしまう。というよりも、そもそも戦いを正義と悪のフレームワークでしか理解できなかったのが、当時の僕らだったのだから、主人公が戦う相手は悪に決まっている。あとはそれがどんな「悪」であるかが分かればそれでよかった。

『仮面ライダー』が戦っていたショッカーは、初回ですでに「世界のあらゆるところに網が張られる悪の組織」で「世界各国の人間を改造し、その意のままに動かして、世界征服を計画する恐るべき団体」だと説明されている。本郷猛も、その一人として改造されてしまい、しかし改造半ばで辛くも逃げ出し、ショッカー相手に戦うことになる。その戦いが僕らにとって何だったのかは、仮面ライダーのところで触れたとおりだ。

ショッカーの目的は「世界征服」だ。それは実は「自然支配」という人間が基本的に持っている感情に根ざしているのだとそこでは述べたけれど、実はもっと厄介な敵を僕らは知っていた。レインボーマンの敵「死ね死ね団」だ。

死ね死ね団は、ショッカーに遅れること1年半、1972年10月頃からその暗躍を始める。『レインボーマン』の放映は、一部『仮面ライダー』と被っているから、当時の日本では、ショッカーと死ね死ね団という二大悪の組織が同時に暗躍していたということになる。

実は僕らは、死ね死ね団がそれほど厄介な敵であることには、当時気づいていなかった。七つの姿に化身するレインボーマンのかっこよさの方にばかり気を取られていたように思う。敵はしょせん敵で、何か悪いことをしているに決まっているのだから、それで良かった。どんな悪さをしているのかは問題ではなかった。

死ね死ね団とは、「黄色人種の中でも特に日本人を忌み嫌う世界各国の個人の集団」だと、『レインボーマン』第4話で紹介されている。「日本人を忌み嫌う」「個人の集団」、これが死ね死ね団である。

死ね死ね団のリーダーであるミスターKは、いわゆる黄禍論《こうか》の信奉者で、特に日本と日本人によって世界各国が侵略されつつあるという認識を持っている。そして、「今のうちだ、日本をこの世から葬り去れ。我々は黄色いドブネズミ共を一人残らず抹殺するのだ。そうしなければ、我々が骨までしゃぶられる結果になるだろう。日本人全部を、ただちに皆殺しにするのだ」と主張する。子供向け番組には似つかわしくない過激で恐ろしい表現であるが、当時のテレビは他でもこんな表現さえ許容されていた。ある意味で「いい時代」だったのかも知れない。

死ね死ね団の最初の日本人皆殺し作戦「キャッツアイ作戦」は、人間を凶暴に変える薬物を使って日本人を「バンバン殺す」というものだが、その前に立ちはだかったのがレインボーマンだ。主題歌によれば、「インドの山奥で修行」をし「ダイバ・ダッタ」の魂を宿し「今更後にはひけない」戦いをする者ということになっている。ちなみに「ダイバ・ダッタ」とは仏教における「提婆達多：Devadatta：デーヴァダッタ」のことを指すと考えられるのだが、この提婆達多とは、釈迦の弟子でありながら釈迦の教えに背き、「三逆」と呼ばれる大罪を犯した者であるとされている。まぁそれも怖い設定で。

血気盛んな日本の青年ヤマトタケシは、強くなるためにインドの聖者ダイバ・ダッタに弟子入りを願うが、その素質を見ぬいたダイバ・ダッタはヤマトタケシを弟子として鍛える。ダイバ・ダッタの元で修行を続けるうちにタケシは人類愛に目覚め、愛と平和のために戦う人類愛の戦士レインボーマンになる。日本に戻ったタケシは、恋人の働く保育園が借金のカタに奪われそうになっているのを知り、金を稼ぐためにマカオのプロレスショーの興行に参加する。実はそのプロレスショーは、死ね死ね団が、日本人皆殺し作戦実行の前祝いに開いた殺人ショーだった。当然タケシはそんなことで殺されはしない。レインボーマンの力で窮地を脱する。組織のことを知ってしまったタケシたちのことを殺そうと執拗に狙う死ね死ね団、対抗するレインボーマン、結局のところ、死ね死ね団の計画にレインボーマンを絡ませてしまったのは、死ね死ね団自身だったと言えるだろう。

『レインボーマン』のエンディングテーマは、第2クールに入ると敵である「死ね死ね団」の視点からの歌である「あいつの名前はレインボーマン」になる。その中で死ね死ね団は「黒い世界に赤い血を見て生きている悪魔、死神」と自らのことを定義し、「あいつを探せ、あいつを殺せ」と自分たちの行動原理を歌っている。「あいつ」とはもちろん、レインボーマンのことである。

エンディングとはいえ、敵である組織の視点による歌が毎週流されるというのは、あまり記憶にない（『ポケットモンスター』では、「ニャースのうた」や「前向きロケット団」という歌がエンディングとなっていたことはあるし、『宇宙猿人ゴリ』でも敵からの視点の歌が流されていた。また、『仮面ライダー』でも挿入歌として「悪魔のショッカー」があるが、きわめて穏当な内容であり、かつ「エンディング」で流されていたわけではない）。また、挿入歌として「死ね死ね団のうた」というものがある。衝撃的という意味では、こちらのほうが数倍も上である。ちなみに『月光仮面』の原作者であり、森進一の持ち歌である「おふくろさん」の作詞者でもある川内康範による。本作『レインボーマン』の原作も彼だ。「死ね」という単語の何回もの繰り返しの中に、「黄色いブタめをやっつけろ」「金で心を汚してしまえ」「日本人は邪魔っけだ」「黄色い日本ぶっつぶせ」「世界の地図から消しちまえ」などといった過激な言葉が織り込まれている。

エンディングテーマが「あいつの名前はレインボーマン」に変わる頃から（ちなみに、それまでのエンディングテーマは「ヤマトタケシの歌」）、死ね死ね団の行動原理が少しずつ変わってくる。もともと死ね死ね団は、日本人を嫌う個人の集まりだ。嫌いだから消してしまえ、というかなり単純な原理で動いている。その行動を阻《はば》む邪魔者がレインボーマンだ。それも、元はといえば死ね死ね団の方がレインボーマンを自分たちの作戦に絡ませてしまったという部分が多分にある。とは言っても「人類愛」の戦士レインボーマンは、人間が傷つけられているのを見過ごしにすることはできないから、いずれは死ね死ね団の陰謀とぶつかってしまっただろうけれど。

死ね死ね団の目的は日本をこの世から葬り去り、日本人の全てを抹殺することだった。ところが、それがいつのまにか、打倒レインボーマンに変わってゆく。邪魔者を排除するつもりが、いつの間にか邪魔者の排除そのものが目的化していく。手段の目的化。

死ね死ね団を動かしているのは、日本禍論だった。ほっておけば日本と日本人に侵略されて骨までしゃぶられる、だから、そうなる前に日本を葬り去り、日本人を抹殺しようというのが死ね死ね団の戦う気持ちだ。既得権益の保護。やられたからやり返せではなく、このままだとやられてしまうからやられる前にやってしまえという原理。その行動を阻むレインボーマンは、同様に自分たちの利益を損《そこな》うやつなのだから、同様にやってしまわなければならない相手。日本人からレインボーマンに戦う相手が移っても、死ね死ね団にとっては、そのことを不自然に感じることはできなかったのだろう。

　ここで「死ね死ね団」の下部組織である「ダッカー飛行隊」「ダック攻撃隊」についても併せて考えてみる。彼らは、ショッカーの戦闘員とは異なり、改造されたり洗脳されたりしているようには見えない。なおかつ、どちらも軍人の様子であり、高い規律意識と、組織に対しての忠誠心を持っているように見える。そこで謎となるのは、彼らの戦う理由と戦うキモチである。ミスターKは黄禍論もしくは日本禍論の信奉者であるから、その戦う理由や戦うキモチを推測することはできる。しかし、ダッカー飛行隊も、ダック攻撃隊も、そのメンバーは日本語を話しているし、姿形も日本人にしか見えない。ここで二つの疑問が生じる。まず、死ね死ね団自体が「黄色人種の中でも特に日本人を忌み嫌う世界各国の個人の集団」だとされるのに、その主力となる攻撃部隊のメンバーが全員日本人というのはどういうことだろう。日本人同士が殺し合うことを望んだ、というようなこともあるだろうから、まぁ、それには目をつぶることにしよう。しかし、もう一つの疑問は、ダッカー飛行隊やダック攻撃隊のメンバーは、何を思って「死ね死ね団」に入ったのか、ということである。ましてや彼らは、高い能力（たとえば戦闘機の操縦などという）を持っている人間たちである。つまり僕らには、彼らの戦う理由や戦うキモチがわからないのだが、この気持ち悪さは、意外に重要であると考える。なぜなら、最近のことがらでいえば、自由主義圏で育った人間たちが「自称イスラム国」に参加する理由や気持ちがわからないということと似ていると感じるからである。もちろん「死ね死ね団」はただのお話の中のことであるが、「自称イスラム国」は現実に存在する組織であるのだから、一概に比較することなどできないが。人の気持ちを推測するのはとても難しいし、推測したとしても、それが妥当な推測だったのかどうかなんて分からない。僕らは結局のところ、人の気持ちなんて分かり得ないって考えているところがあるけれど、できればそれを推測したいし、それが問題になるようなものだったら、説得してみたいとも思ってる。

とにもかくにも最初の一歩は、彼ら彼女らのキモチを理解することだって思っているわけで、でもそうすると、死ね死ね団のメンバーについての考察では、どうしようもない頓挫に遭遇してしまう。まぁ、「フィクションだから」っていう納得の仕方はあるだろうけれど、現実に存在する組織の話になったらどうだろう。

もちろん僕らは理解できないし、何らかの理由さえ想定しにくい。でも、じゃあそれはなぜだろう。たぶんそれは、彼ら彼女らと対話していないからだと、僕らは感じてる。遠くにいて理解しようとしても、おそらくそれは難しい。ダッカー飛行隊、ダック攻撃隊のメンバーと直接話すことができれば、もしかしたら理解できるのかも知れない。推測がその確度を増すためには、データが必要となるのと同様に、対話が必要なんだっていうことだ。

『レインボーマン』の最終回は、それほど明るいものではなかった。ミスターKは、東京周辺をミサイル攻撃し、首都を孤立させる。そして、東京の人々を人質に、レインボーマンをおびき出そうとするのだ。ここに至ってすでにその目的は全く本末転倒している。それだけの力があるのならば、レインボーマンなど放っておいて、とっとと日本をミサイル攻撃で葬り去ればいいのだから。けれどもミスターKはそうしない。そうして、この東京都民を人質にレインボーマンを抹殺する計画すら失敗したミスターKは、「日本人を抹殺しろ、日本を破壊しろ」という声をテープに残して、姿を消してしまう。死ね死ね団の残党は、ゲリラ的なテロを実行するがレインボーマンに粉砕される。「この平和を俺が、どこまでも守りぬいてみせる」、日の丸を背にしたレインボーマンの決意で番組は終わる。

ところで、いっときは同時期に日本で暗躍していたショッカーと死ね死ね団だが、この二大悪の組織が出会っていたならどうなっていたのだろう。改造し利用しようとするショッカーと殲滅《せんめつ》のみを至上目的とする死ね死ね団は、おそらくは、結局のところ相容れなかっただろう。

ショッカーは、死ね死ね団の存在を知ったならば、ミスターKを改造人間にしようとしただろう。ミスターKを改造人間にして意のままに操ることが出来れば、死ね死ね団の組織力をそのまま手中に収めることができるからだ。

一方の死ね死ね団だが、目的が日本人抹殺から打倒レインボーマンに変わるにつれて、人間をサイボーグ化して戦いに利用するというショッカー的戦法を使うようになってはいたが、それでも彼らにとって最終的に問題になるのは、ショッカーの国籍だろう。ショッカーが日本人であれば、当然殲滅の対象になる。

もしも、日本を破壊するという世界征服レベルから見れば局地戦である戦いに死ね死ね団が成功したとしたら、その後ショッカーと死ね死ね団とはどのような関係になるのだろうか。日本人を全て抹殺してしまった後、ミスターKは何を望むのだろうか。案外に死ね死ね団の組織力を売りにショッカーの幹部になり、南の島か何かで綺麗な女の子たちに囲まれて悠々自適の老後を送るのかもしれない。なにしろ、ミスターKが女に甘いのは有名な話だ。

ヨミ
『バビル二世』

『バビル2世』のコミックは1971年から1973年にかけて週刊少年チャンピオンに連載されていたものであり、アニメは1973年に当時のNET（現在のテレビ朝日）系列で放映されていた。大昔に宇宙から飛来した宇宙人（つまりこの人が「バビル1世」）を受け継ぐ「2世」が現代の日本に現れる。主人公である浩一がバビル2世として受け継いだ力とは、コンピューター制御システムで強力に武装した「バビルの塔」と、「三つのしもべ」である。バビル1世は、その力を何に使ってもよいと言い遺していた。

バビルの塔のコンピューターの勧めによって、バビル2世は「ヨミ」に会いに行く。「ヨミ」は世界征服を狙い、ヒマラヤにその基地を持っていた。そして、バビル2世は「ヨミ」を倒すことを決意する。

「ヨミ」の戦う理由は、世界征服を成し遂げるためであるとされるが、その戦うキモチには、よくわからない点もある。世界征服するというのは、まぁ人類を自分の思うままに支配するということを意味するのだが、「ヨミ」が何のためにそんなことをしようとしているのかが、よくわからない。「ヨミ」は、改造人間を世界中の国の要人として配置し終えたときに、世界は自分の命令のままに動くことになり、世界支配が成功したことになる、というのだが、独裁国家ばかりではないのだから、そううまいことはいかないだろう。もしも「ヨミ」ほどの高い能力（一般的にも高い能力を持っている）と、さらに超能力まで持っているのなら、まず米国の国籍を正式に取り（米国の要人にだって改造人間をおくりこんでいるんだろうから、そんなことは簡単なはずだ）、大統領になって、世界征服を狙ったり、そうではなくても、どこかに軍事独裁の国を作り、その独裁者となって、軍事的に世界を制圧していくという方法のほうが、圧倒的に近道であるはずだ。

さらなる疑問は、どうしてそんなことがしたいのかという点だ。仮に「ヨミ」の計画がうまくいったとしても、世界征服して何がしたいのかわからないと、その戦うキモチもわからない。「世界中が自分の命ずるままに動く」ことを目指すのは、自分が「命ずる何か」を持っているからなのだろうが、それが示されることはない。ヨミとその部下たちは、ストーリーの初期の段階においてすでに、「世界の半分の国」に改造した要人を送り込んでいるというのだが、ヨミが改造して送り込んだ人間を使うのは、バビル2世を攻撃する手先として使う場合であって、それ以外に何かに使っている様子はあまりない。まぁ描写されていないからといって、それをやっていないとは言えないし、何度倒されても復活すると即座に組織を立ち上げ、基地を作ることができているため、利用はしているのだろう。ただ、しかしそうなると、バビル2世やその協力者である「国家保安局の局長」がいったい何をモタモタしてたのか、ということにはなるが。

「ヨミ」は、とにかく組織づくりや基地建設が圧倒的に上手い。また、部下を切って捨てることもあるが、部下思いの一面を見せることも少なくない。部下たちも「ヨミさま」と呼び、その身を心配している様子が見える。だから、「ヨミ」にとっては、世界征服というのは便宜的なとりあえずの目的であって、それよりも組織を作り、それを運営していくことのほうに意味を感じているのではないかとさえ思う。で、その原因として思い当たるのは、「バビルの塔のコンピューター」の「ヨミ」に対するひどい仕打ちである。

「ヨミ」は、かつてバビル2世候補としてバビルの塔に呼ばれている。つまり浩一も「ヨミ」もバビル1世の子孫であり、その能力を多く受け継いでいる。しかし、「ヨミ」は「不適格」とされて、記憶を消され、バビルの塔から追い出されてしまった。まず、ここに疑問を感じる。「バビルの塔」や「三つのしもべ」は、何に使ってもいいということだったはずだ。だから使用目的がたとえ「世界征服」でも問題ないはずだ。となると、「不適格」の理由がわからなくなる。志を受け継いでいないということなのだろうか。また、記憶は消されているのだから問題ないだろうと思いきや、実は「ヨミ」はその記憶の破片を持っている。つまり、バビルの塔の記憶消去の技術は完全ではない。

「ヨミ」は超能力者であり、一般社会にあってもその高い能力によってそこそこ出世していたはずだ。「不適格者」の烙印を押され、追放されたことによって、大きな心の傷を負ったかも知れない。その傷を癒すべく、「ヨミ」は自らの力による世界征服を考えるようになったと思えてならない。となると、世界征服を狙う極悪非道の人間である「ヨミ」を生み出した一因はバビルの塔のコンピューターにあるということになってしまうのだが。

「ヨミ」とバビル2世は、同じ父親を持つ兄弟のような関係であると「ヨミ」自身も述懐しているのだが、面倒なのは、その記憶が不完全に消されているという点である。おそらく「ヨミ」の内部には、大きな傷もしくは心の穴のようなものが生まれてしまい、それを埋めるために、組織を作り、「支配すること」に意味を見出すような存在となってしまった。そして「父の遺産を受け継いだ弟」であるバビル2世を敵視し、「三つのしもべ」の一つである怪鳥ロプロスに似せた「V号」を作り、バビルの塔を模した基地を作るようになる。何か物悲しい。父（の残したコンピュータ）にかたや疎まれ、かたや選ばれた兄弟。

だから、ここで「ヨミ」について僕らが考えるのは、結局のところ戦うキモチというのは、必ずしも論理的なものに由来するばかりじゃないっていう、これまでと同じ主張の繰り返しだ。戦う理由もある、でも、戦う気持ちもある。そして、気持ちは、往々にして自分自身も気づいていなかったり、別の説明をしてしまったりするようなものだ。「ヨミ」は記憶を消されている、それは特別なことで普通の人間に当てはめることはできないかもしれないけれど、もしも「ヨミ」の内部に、「ヨミ」自身も気づいていない大きな穴が空いているとしたら、そしてそれを埋めたくて、世界を支配しようとしているのだとすれば、そのために人を意のままに動かそうとしているのだとすれば、おそらくそれは誰にでも起き得ることではないかと思う。人間の心の奥底に芽生える気持ちは、じっくり自分で考えればその起因を見つけることは不可能ではないかもしれない。でも、それをたどることができない気持ちだってある。まして「ヨミ」は、不適格者という烙印をおされ、その記憶を消去されている。だから僕らは「ヨミ」にちょっと同情する。もしも「ヨミ」が、1世の残したコンピュータに記憶を消されていなかったら、あれほどの高い能力を持っている人間なのだから、きっと自分の内部の論理的思考によって、その気持ちをうまく処理して、この世界に役立つ方の人間になっていたかもしれない、とさえ想像してしまう。

ショッカー
『仮面ライダー』

世界征服、なんてことを本気で考えたことのある人間が本当にいたのだろうか。改めてそんなことを調べたことはないのだけど、そんなことを考える者の気持ちとはどのようなものなのだろう。

実際に世界征服を目論んでいたかどうかは知らないが、大日本帝国とかチンギス・ハンとかアレクサンダー大王などなどは、どのような気持ちで侵略（もしくは侵攻）を行っていったのだろうか。それは、今で言えば、例えば企業の経営者が会社の規模を大きくしていこうと考えるのと同じような気持ちなのだろうか。

ひとつの理由は拡大こそが守りに繋がるっていう考えだろう。別の言い方をすれば、本体周辺に「緩衝地域」を作っていく、っていうことだ。他と接する部分に緩衝地域があれば、本体部分が攻められにくくなる、例えその部分を多少食われてもすぐに本体には影響は及ばない、緩衝地域の小競り合いで時間を稼いでいるうちに、本体部分から増援を送ることも出来る。防衛上はそうした緩衝地域が欲しいっていうことがあるだろう。あるいは、そもそも本体部分が生きていくためには、それに必要なだけの領域が必要だっていう考えもあるだろう。かつて日本は「満蒙は日本の生命線」とキャンペーンして、傀儡《かいらい》国家である満州国を樹立、日本からも多くの開拓農民を送り込んだ。日本としては、日本が生きていくための経済圏が欲しかったということだろう。

けれども、生きていくための領域だろうと緩衝地域だろうと、その地域が重要になればなるほど、それもまた本体として守らなければならなくなってしまうのだから、結局は「新たな領土に組み込まれたかつての緩衝地域や拡大した経済圏」を守るために、さらにその外側に新たな地域が必要になってくる。結果、世界征服と同じようなところにたどり着いてしまうのだけれど、ただ、これは結果論的なところがある。最初は自分たちが安心して生きていくために、という思いだったに違いない。それがいつの間にか拡大が目的になってしまって、もっと安全を、もっと安心をって拡大を繰り返しているうちに、いつの間にか、自分たちの安全のために周辺の安全を脅かし、踏みにじる侵略者になってしまっていた、五族協和なんていいながら、実際には自分たちがてっぺんに立って支配する地域を増やしていったということだ。さすがに最初から「世界征服」を狙っていたわけではない。経済制裁や貧困に対する自衛のつもりだったのだ。

そう考えると、組織の目的そのものに「世界征服」を掲げるというのは、案外に稀なことなのかもしれない。
さて、ショッカーである。言わずと知れた仮面ライダーの敵。ショッカーとは「世界のあらゆるところに網が張られる悪の組織」で、「世界各国の人間を改造し、その意のままに動かして、世界征服を計画する恐るべき団体」だ。このことは前にも説明した。

ところで、特筆すべきことは、『仮面ライダー』を見ていなかった人でも、「ショッカー」の名前は知っているという点である。もちろん『仮面ライダー』を見ていなかった人でも「仮面ライダー」という名前も知っているのだけれど、ちょっと思い浮かべてもらいたい、『秘密戦隊ゴレンジャー』は一体誰と戦っていた？　『シルバー仮面』の敵は誰だった？　『アイアンキング』は？　『ジャンボーグA』は？　『人造人間キカイダー』は？　『超人バロム1』は？　そう、主演のヒーローの方こそ、名前を覚えているかもしれないけれど、ヒーローが戦っていた敵の名前なんて、そうそう覚えているものではないのだ。なのにショッカーである。ショッカーは、みんなが知っている。知っているだけではない、ショッカーと聞くと「イー、イー」言って飛び回るショッカー戦闘員の姿すら思い浮かんでしまう。思い浮かべてしまうだけでなく、愛らしいとさえ感じてしまう。そのあたりは、『マグマ大使』の「人間もどき」とは違う。人間もどきを愛らしいと感じるものはそうそういないだろう。人間もどきは、結構リアルに不気味なのだ。

というわけで、ショッカーはヒーロー番組史上最も有名な悪の組織かもしれない。

このヒーロー番組史上最も有名な悪の組織は、世界征服を企んでいる。この世界征服とは、実は自然支配ということで、私たち人間は、多かれ少なかれ自然を支配し、制御しようとしてきたことの一つの歪んだ帰結であろう。その自然支配が社会や人間に向けられたとき、それは世界征服になる。だから、私たち人間が基本的に持っている「自然支配」の延長上に発生したのがショッカーだ、というようなことを仮面ライダーのところで論じた。

世界征服が自然支配の延長で、それは一方では科学を進めてきた原動力的な思いでもある、っていうのは僕ら自身が自分でそう言ったのだけれど、ここではちょっと地域、領域の拡大として彼らの世界征服を考えてみたい。

と、気になる点が見えてくる。彼らは世界のあらゆるところに網を張っているようなのだが、それは世界各国で改造のための人間を獲得するためのネットワークという意味合いが強い印象を受ける。世界各国にネットワークを張っているというのは事実なのだろうが、では、彼らが今現在実質的に支配している地域はどこなのだろうと思うと、どうもそのようなところを持っているようには見えない。おそらくは日本こそがそのための第一歩だったのかもしれないが、もちろん、いまだ支配地域とは言えない状況だった。

そもそも、ショッカーに本当にやる気があるのならば、ショッカーの戦闘員に住民票を大量に移動させて、その自治体の議会を乗っ取ることだって出来るだろう。ショッカーの戦闘員の動員などにはかなりの実力を持っていることは見ていれば分かる。あるいは、ショッカー戦闘員に銃を持たせるくらいの武装は整えさせ、一気に武装蜂起しその地域を制圧する、というような方法もあるだろう。けれども、ショッカーはそのような方法は採用しない。おそらくショッカーは、特定地域を押さえてそこから領土を拡大するような方法ではなく、改造人間を世界各地に送り込み、いちにのさんで、一気に世界を征服するというようなヴィジョンを描いていたのかもしれない。そもそも彼らにとって「征服」というのは、どんな意味を持っているのだろう。世界の全ての人間の改造なのだろうか。

そう、ショッカーの切り札は、「改造」だ。世界各国の人間を改造して、その意のままに動かして、世界征服をするというのがショッカーの基本的なプランだ。ショッカーの改造は、脳を改造することによってショッカーの意のままに動く人間にすることと、人間に自然界の動植物の能力を加えることで、特殊な能力を持つ人間を作ることの組み合わせだ。

仮面ライダー自身、非常に優秀な頭脳を持つ科学者で、才能あるオートレーサーでもあった本郷猛に対して、バッタの能力を組み込んだ改造人間だ。ただし、脳改造を施される前に脱出したために、彼は本郷猛本人の意思で動くことができる。仮面ライダーが最初に戦ったのが蜘蛛男、次に蝙蝠男、その後は、さそり男、サラセニアン、かまきり男と続く。蜘蛛、蝙蝠、さそり、サラセニア（食虫植物）、かまきり、と、いずれもバッタよりも強そうなのだが、土台となっている人間の基礎能力の違いなのか、いずれの戦いも「バッタ」のほうが勝利している。

こうしたショッカーの怪人は、死ね死ね団と違って、対仮面ライダー用戦闘要員というよりは、世界征服のための何らかの作戦の首謀者として作り出されている。

ところで、死ね死ね団は、「黄色人種の中でも特に日本人を忌み嫌う世界各国の個人」が集まった組織だったが、ショッカーは世界中に網が張られていて、世界各国の人間を改造していることは分かるのだが、その主たる構成員などははっきりしない、いわゆる謎の組織だ。

見る限りでは、構成員の多くは、改造人間だ。ライダーと蜘蛛男やかまきり男のような「怪人」だけでなく、ショッカーの戦闘員の多くは、何らかの改造を施された者たちだ（人造人間もいるらしいが）。ということは、彼らはもともとショッカーに入りたくて入ったわけではなく、どこからか拉致されてきて洗脳され、改造され、ショッカーの構成員になっているということだ。結局のところ、彼らの戦いとは、彼らを意のままに動かしているショッカー要人、幹部クラスの意思だということになる。怪人や戦闘員には、戦う理由や気持ちはない。

このあたり、ショッカーという組織の自己認識を表しているようで面白い。つまり、改造、洗脳しなければ、自分たちの組織に人々が賛同してくれることはない、という認識を持っているからだ。

世界征服、あるいは覇権を狙う者は、しばしばその戦いにおいて、何らかの大義名分を立てるものだ。そして、その賛同者、支持者を得ようとする。そしてその大義名分は、しばしば、ある見方からすればそれはそれでそれなりに筋の通っているものであったりする。それゆえに、それを支持し賛同し参戦するものもでてくる。

しかしショッカーはそのようなことはしない。最初から、改造してしまう。自分たちの主張に賛同を求めたりはしない。要するに、説明しても賛成してもらえないだろうと思っているのだろう。なぜなら、自分たちは悪の組織で、悪いことをしているのだからだ。

現実の社会では、人々を物理的に改造して意のままに動かすというようなことはできない。そのような技術はまだない。だから、多少時間のかかる方法だが、教育を使う。また、宣伝を使う。刷り込みたい情報を繰り返し繰り返し提示していく。考える暇を与えぬようその気にさせていく。教科書をいじり、公共放送をいじりして自分の意に沿った情報だけを提供しようとする為政者は、その実ショッカーと同じ企みを持っているのかもしれない。人間を改造し、世界を支配しようというのだ。改造された人間は、そのための尖兵にされていく。僕らは、現代の日本が、そのような災禍にみまわれているように思えてならない。

デスラー総統
『宇宙戦艦ヤマト』

デスラー総統。絶滅の危機に瀕している「ガミラス星」にある「ガミラス帝国」の総統だ。移住先として「地球」を想定し、冥王星前線基地から遊星爆弾によって地球を攻撃、放射性物質を蔓延させて地球人類を絶滅させ、そのあとに移住することを企てている。

デスラーの戦う理由も戦うキモチも明確である。自らが統べる帝国が置かれている惑星に寿命が来ていて、このままではその国民は生存できなくなる。だからどこかに移住しなければならない、となれば、移住先を探すのは、むしろ当然の行動だ。その背後にある気持ちは、当たり前のことだが、自分の同胞たちを生きながらえさせたいという思いであろうと推測される。

とはいえ、その移住先として、すでに知的生命体が居住している「地球」を選んだという点には、とりわけ地球に住んでいる者としては問題を感じざるを得ない。が、これにしても、デスラーの立場からすれば、究極の選択であったのかもしれない。宇宙広しとはいえ、有機物で構成される人間型の知的生命体が居住可能な惑星は、それほど多くは存在していない。その惑星の質量が大きく違えば重力が異なるので、すんなりとは移動できないし、その恒星系（地球でいえば太陽系）の恒星（つまり太陽）からの距離も問題になる。だから、ガミラスの科学者たちが数少ない選択肢として「地球しかないですよ」と進言した可能性は高いし、デスラーとしてもその進言を受け入れざるを得なかったろう。

あとは、倫理的な問題である。すでに知的生命体が数十億も居住している惑星に移住するという選択が妥当であるか否かという問題であるともいえる。

実はこの問題は、古くは『ウルトラマン』における「バルタン星人」の回でも議論の対象となったものだ。ウルトラマンの第2話「侵略者を撃て」において、バルタン星は壊滅し、（たまたま宇宙旅行中で難を逃れた）二十億三千万人のバルタン星人難民が地球への移住を目論んだ。ちなみに、大きなお世話だろうけど、二十億三千万人の「ツアー」って、なんだかとても気になる。科学特捜隊のムラマツ隊長は、急遽招集された「防衛会議」において発言を求められ、話し合いの必要性を強調しつつ、「まず連中の欲しいものを知り、もし与えられるものであれば与えて、そして帰ってもらうんです」と言う。侵略者である異形の宇宙人を「連中」と呼ぶムラマツ隊長の胆力にも驚くが、その内容も凄まじく、「ゆすり・たかり」のチンピラでも追っ払うような話になってる。議論は紛糾するものの、結局、防衛会議のメンバーも、このムラマツ隊長の意見を採用する。いや、この鷹揚さはすごい。バルタン星人と直面したハヤタ隊員は、地球に住みたいというバルタン星人に対して「いいでしょう。君たちがこの地球の風俗習慣を守り、地球の法律を守るなら、それは不可能なことではない」と言う。いやいやいやハヤタ隊員、あなたは地球の特命全権大使か何かですか、とツッコミを入れたくなる展開だが、まぁウルトラマンなんでね。しかし交渉は結局決裂し、バルタン星人は「地球をもらう」と宣言して帰っていく。ここにいたり、対決姿勢が鮮明となるわけだ。

ガミラス帝国の住人たち（もしくはデスラー総統）に対しても、また、バルタン星人たち対しても言えることは、どうして「侵略」という選択肢しか考えなかったのか、という点である。少なくともウルトラマンでは、ムラマツ隊長やハヤタ隊員が、そこまで譲歩したのに。

デスラー総統やバルタン星人が、交渉を拒否して一方的な侵略を選択することの背後にある「気持ち」は推測でしかないが、優越感にあると感じる。ガミラス帝国も、バルタン星も、恒星間飛行を可能としていることからして、地球に比べて圧倒的に高い科学力を有している先進文明である（ちなみに地球の科学というのは、21世紀になった現在でも、恒星間飛行どころか、数十年前にやっと自分の惑星の衛星に行けただけで、同じ恒星系に属する他の惑星（たとえば火星）にさえ生命体を送れないという意味で、極めて遅れている）。だから、「話し合おう」と言われても、「話し合う価値も意味もない」と彼らの側が判断してしまった可能性は小さくない。

もちろん僕らは歴史学を専門とする者ではないので、細かいことは知らないしそれが本当にあったかなかったの議論をするまでの知識はないのだが、誰でも常識として知っているレベルのことでいえば、たとえば、ネイティブアメリカンと西洋との間にも、日本の先住民族の末裔たちと日本政府や江戸時代の藩政府との間にも、また、アフリカ大陸における西洋文明の蛮行にも、あるいはつい最近の日本の大陸侵攻でも、「ガミラス人」「バルタン星人」と「地球人」とのあいだに起こったことと同じ構図を見ることができると思っている。つまりそこに見られるのは、「自分たちのほうが優れている、先進している文明」であると考え、優れているはずの自分たちが、劣っているはずの他方を蹂躙《じゅうりん》しても構わないのだという傲慢な考え方である。強いものが弱いもののために働いてやる制度が出来れば世界は平和になるといった資料を配布し、戦中に日本のアジア侵略の正当化のために用いられた標語を、「日本が建国以来、大切にしてきた価値観」として参議院予算委員会の席上で日本のこれから取るべき道として称揚する国会議員が今もなお存在するこの国は、ガミラス同様ということかもしれない。

どうして地球人は絶滅してもよく、ガミラス人は存在しつづけなくてはならないと考えるのかといえば、「ガミラス人が存在しつづけることのほうが、意味がある」と考えるからである。「バルタン星人」のほうが地球人よりも優れていて（それは事実だ）、優れている知的生命体が生き残るべきだと考えているからである。バルタン星人からすれば、地球人など虫けらのようにしか見えないはずだ（地球人から見るとバルタン星人こそハサミを持ったセミのように見えるのだが）。だからバルタン星人は交渉のテーブルにさえつかず「地球をもらう」と一方的に宣言することになる。これは、星間飛行もできないような、無能で野蛮な生命体のことを考慮する必要があるのか、という考え方である。繰り返しだが、当の地球人でさえ、(恐ろしいことに、同じ地球人に対して)同様のことを行ってきたではないか。

だから、デスラー総統が戦う理由も、その戦うキモチも、至極当然なものであると(今となっては)僕らは感じる。アニメ・特撮・コミックの歴史のなかで、ここまで正当な「戦う理由」と「戦うキモチ」を持っていた敵を、僕らは他に知らない。

一方で、僕らが若年視聴者だった当時は(フィクションの中に自分を位置づけるのも変だと思うが子供だったので)地球人の側にどっぷり与《くみ》していて「デスラーふざけるな!」と思っていた側の人間である。そののちそこそこ大人になって、考え直して、僕らは今、この文章を書いている。

人は、自分が滅びる(もしくは死ぬ)ことを回避するためには、何をしてもいいのだろうか。もっと話を大げさにしてもいい。ある国や国民が滅びることを回避するためには、他の国や国民を滅ぼしてもいいのだろうか。もちろんそんなありえない仮定のもとでの議論はできないという考え方は正しい。少なくとも最近まではそうだった。しかし、日本が戦争をする(できる)国になろうとしている今、この問題は「ありえない仮定」ではなくなりつつあるのだと僕らは思っている。

ちなみに、幾度もの激しい戦いの果てではあったが、後に地球人とデスラー総統とは、互いに心を通わせるようになる。「剣で語った」後の理解であり、僕らはそのような「美談」を好むものではないが、それでも、たとえそれが「戦い」という出会いであったとしても、出会い関わったことで、自分は相手よりも優れている、だから我々が生き残るために彼らを侵略し滅ぼしてもそれはしかたのないことなのだ、とはデスラー総統は思えなくなっていく。地球とガミラスは、互いを慮《おもんぱか》る関係になっていく。

優れたもののために劣ったものは犠牲になってもいい、ではない。強いものが弱いもののために施《ほどこ》しを与えればいい、ではない。なぜ、一方に強いものが存在し、他方に弱いものが存在してしまっているのか、優れているとは一体なんなのか、劣っているとは一体何を言っているのか、そもそも私たちはなぜ、そんな二分法を用いて自分をどちらかに位置づけたがるのか。「剣で語る」ことなく、そのことに互いに気づき合えるためには、僕らは何ができるのだろうか。

ウルトラ怪獣
『ウルトラマン』

ウルトラマンといえば、その相手は怪獣だ。全39回の話の中で、ウルトラマンは様々な怪獣と戦った。怪獣は時には宇宙から飛来し、時には地底から現れた。海から現れるときもあったし、湖に現れることもあった。

例えば第1話「ウルトラ作戦第一号」。記念すべきウルトラマン登場の回だけれど、この回に登場した怪獣は「宇宙の平和を乱す悪魔のような怪獣」ベムラーだった。ウルトラマンは、このベムラーを護送中に誤ってハヤタを死なせてしまい、その贖罪のために地球に残ったのだった。

第2話「侵略者を撃て」。この回には、もしかしたらウルトラシリーズ中最も有名な怪獣（宇宙人）バルタン星人が登場する。かれらは地球への移住を希望していたのだけれど、その人数は二十億三千万人。いろいろあって、結局、地球側は侵略者として判断し、戦いを挑む（「デスラー総統」の節で前述したとおり)。

ちなみにこの回、防衛会議の席上で、飛来した宇宙船に対して「核ミサイルはげたか」を撃ち込もうという軍属に対して、科学特捜隊隊長ムラマツは、核攻撃が有効とは限らないのだから、まず話し合ってはどうか、と提案する。結果的には話し合いは決裂し「はげたか」が撃ち込まれるのだが、全39話の中で、核兵器の使用について反対意見が述べられるのはこの回のみではなかったかと思う。

第3話「科特隊出撃せよ」。この回では、ネロンガが発電所を襲う。ネロンガは電気を食べていたのだ。

第4話「大爆発五秒前」。この回では、誤って海底で爆発してしまった原爆の影響で、日本海溝に住む海底原人ラゴンが巨大化して現れる。ラゴンそのものの存在は、人類に認知されていたのだが、原爆の影響で、巨大化し、本能を狂わされてしまっていた。その上に、爆発していない原爆を体につけて登場した。この回に登場する原爆は、木星開発のために用いられるために宇宙ステーションに輸送中に誤って海中に落下したものだ。終戦から20年余り、日本人の想像力(の欠如)は、「〝原爆〟の平和利用」にまで至っていたということだろう。

と、39話まで続けるつもりはもちろんない。ただ、こうして、最初の数話を見るだけでも、怪獣の行動の理由はさまざまだ。第1話のベムラーは「逃走」だ。もともと何故、どのように宇宙の平和を乱すのかはわからないが、少なくとも地球に現れた理由は、逃走だ。護送中のウルトラマンを振りきって逃げ出したのだ。第2話のバルタン星人は「侵略」だ。第3話のネロンガは電気を食べている。これは「捕食」だ。第4話の巨大なラゴンは、原爆によって「混乱」して海底から現れた。

こんなふうに怪獣の行動をカテゴライズしてみると、全39話中最も多いのは、理由の分からない「破壊」なのだが、次いで「捕食」「侵略」と続く。異色なものとしては「救出」というのもある。第30話「まぼろしの雪山」では、村でいじめられている「ゆきんこ」と呼ばれる少女を助けるために怪獣ウーが現れる。人間を助けるために怪獣が現れたのだ。

『ウルトラマン』では、怪獣は様々な理由で現れる。何故暴れているのかわからない「破壊行為」を行っている怪獣が最も多いが、次には怪獣としては意図して人間に敵対しているわけではない「捕食行為」が続く。「侵略」は明らかに敵対行為だが、「救出」については、必ずしもそうではない。

実は、『ウルトラマン』の特徴は、怪獣の側の行動の理由の多様さだといえる。その結果、科学特捜隊とウルトラマンの、怪獣との戦いにも様々な陰影がつく。例えば有名な第23話「故郷は地球」に登場する怪獣ジャミラは、もともとは人間だ。事故で宇宙に取り残された宇宙飛行士が怪獣化して人間に復讐をしに現れる。科特隊とウルトラマンは、その事実を世間には秘匿したまま、元人間を怪獣として殺す。

人間を取り巻く多様な存在。それを怪獣として擬人化したものがウルトラマンの怪獣だった。

自然の脅威、未知なる宇宙、悪意を持つもの、好意をもつもの、得体のしれないもの、「大人の事情」。バラエティに飛んだ怪獣の存在が、ウルトラマンの面白さだった。

このことは『仮面ライダー』のところで考えたとおり、ショッカーという敵が「自然支配」の延長上に発生した組織だということに似ている。ただし構図は異なっている。科学特捜隊やハヤタ隊員は、決して自然支配を目論んでいるわけではない。自然に翻弄されつつ、もちろんときにはそれと対峙して生き残ろうとしたり戦ったりもするけれども、主旋律としては、それらと共存し、その中で慎ましく人間として生きて行こうとしているように見える。「人間」対「自然」というよりも、「人間」とそれをとりまく外部もしくは他者といったほうがよいのだろうが、人間は、様々な外部（もしくは他者）を、あるときは屈服させ、あるときはそれに蹂躙され、それでも適当にうまくやってきた。

その根幹にあるのは「自然への畏敬の念」であると感じる。つまり、畏れ、敬う気持ち。たとえば前述の「怪獣ウー」や「ラゴン」は、普通に考えて「神」もしくは「自然」、または「神の使い」や「神の化身」だろう。あるときは人を庇護し、またあるときは荒ぶる神であり、自然である。人間というのは、多様なものに囲まれた小さな存在でしかない、そんなことを感じさせるのがウルトラマンだったと、僕らは思っている。

けれどもこれが、『ウルトラセブン』になると変わってしまう。『ウルトラセブン』の敵は、すべて宇宙からの侵略者とされてしまった。敵は皆、地球を侵略するために現れ、ウルトラ警備隊とウルトラセブンは、地球を侵略者の手から守るために戦う、そういう物語になってしまった。『ウルトラセブン』では、『ウルトラマン』にあったような敵の戦う気持ちへの慮りは少なくなる。他者に対する不信感が、物語の主旋律となっていく。

ただし、前述したとおり『ウルトラセブン』には、最終回の反則的な仕掛けが存在するし、シリーズ中、いくつかの話には、他者性の認識や、自己の正当性への疑念や、その傲慢さへの懸念が感じられるものもある。そしてそれは、他者もしくは「他なるもの」「異質な者」と、自分たちとの関係性を考えるうえでは、重要な枠組みを提供しうるものとなったという面はある。

「敵の分析」という枠組みで、僕らがウルトラマンとウルトラセブンについて言えるのは、それらは比較的同時期に放映された同じ類の「巨大変身ヒーローもの特撮」でありながらも、その意味するところはかなり違っているということである。「自然への畏怖および畏敬の念」（つまりこれが『ウルトラマン』）と、「異質なるものの排除、および愛」（つまり『ウルトラセブン』）は、どちらも美しい物語である。しかし、前述の各節『ウルトラマン』と『ウルトラセブン』で考えたように、全体としてのストーリー構成という観点からすれば、圧倒的に『ウルトラセブン』のほうが美しい物語であると感じられるのだが、これもこの本でここまで何度も繰り返してきたとおり、「美しい」とされる物語のほうが、要注意である。人は往々にしてその美しさに目がくらみ、その影の部分を無視してしまいがちだから。

バイキンマン
『それいけ!アンパンマン』

「ジャムおじさん」は、助手の「バタ子さん」とともに、世界にただひとつの「心を持ったあんぱん」を作ろうとして自分のパン工場で研究を重ねていた（そう、人工生命体を生み出そうとして研究室で死体を継《つ》ぎ接《は》ぎしていたフランケンシュタイン博士みたいにね）。で、そこへ宇宙から不思議なエネルギー体が飛来して、あんぱんを焼いている窯の中に入り、「アンパンマン」の赤ちゃんが誕生する。アンパンマンはすくすく成長し、お腹が空いて困っている人がいると、自分の顔をちぎって食べさせるようになる。ほとんど毎回「お腹をすかせて困っている人」に遭遇するのだから、リュックサックとかに食品を入れて持ち歩いていたほうが良さそうに思うのだが、そこは律儀に自分の顔を分け与えるのがアンパンマンだ。

一方、これもまた宇宙から飛来した卵状の物体から「バイキンマン（の赤ちゃん）」が誕生する。こちらも成長し、「アンパンマンをやっつけるために生まれてきた」と自分のことを定義する。バイキンマンは、「バイキン城」に住み、そこで「バイキンＵＦＯ」を作って、来たるべきアンパンマンとの対決を心待ちにしている。

バイキンマンには「ドキンちゃん」という相棒というか同居人がいるのだけれど、このドキンちゃんの登場は意外に遅くアニメ版第13話だ。ドキンちゃんの登場によって、そののち長く続く「アンパンマン」の基本構図ができあがる。どんな構図かっていうと、ドキンちゃんが何かを欲しがり、それをバイキンマンが実現するっていう図式だ。ドキンちゃんはバイキン星から地球にやって来た「バイキンマンのお客様」だと自己紹介するのだが、バイキンマンに会うとすぐに「オレンジジュースとハンバーガーが欲しい」とわがままを言う。バイキンＵＦＯを見て「私も欲しい！」と言う。で、バイキンマンはオレンジジュースとハンバーガーをどこからか盗んで来る。もちろん、ドキンちゃんのためにＵＦＯ（というか円盤状の乗り物）も作ってあげる。

だから、バイキンマンが戦う理由はふたつある。ひとつは宿命だ。なんでかわからないけれど、バイキンマンは「アンパンマンをやっつけるために生まれてきた」のだ。バイキンマンはアンパンマンを食べたりしないから、食物連鎖とかそういうものではない。セーラームーンのように前世の因縁が語られることもない。死ね死ね団にとってのレインボーマン、レインボーマンにとっての死ね死ね団のようなところもあるが、あれはあれで、死ね死ね団はもともとは日本と日本人の抹消という目的があったのが、気づいたら打倒レインボーマンに目的が移ってしまっていたというものだ。その意味では、バイキンマンが「アンパンマンをやっつけるために生まれてきた」というのは、物語の中に理由があるのではなく、『アンパンマン』という物語を成立させるために必要とされたアンパンマンの敵という存在、その要請に基づいて「生まれてきた」という点で、「アンパンマンをやっつけるために生まれてきた」というバイキンマンの自己定義は、バイキンマンのメタ物語的認知に基づきつつ、それを物語内の言葉で表現したもの、として理解するしかないのかもしれない。ともかく、物語の中では、「なんでかわからないけれど、アンパンマンは敵で、やっつけなければならない」のだ。

そしてもうひとつの戦う理由は、ドキンちゃんだ。「ドキンちゃんの欲望を満たすため」だ。なぜ、バイキンマンはドキンちゃんの欲望を満たさなければならないのか。これは、世の少なくない男性にとっては、疑問のないところだろう。「ドキンちゃんが欲しているから」、それ以外の理由はない。欲するのはドキンちゃんだ。バイキンマンの年齢は知らないが、ドキンちゃんが少女であれば、バイキンマンはおっさんだ。少女がおっさんの家に「お客様」として同居している。ドキンちゃんはかわいい。そして欲望の権化だ。そのうえドキンちゃんは、アンパンマンの仲間である「ショクパンマン」に恋をしている。あのわがままなドキンちゃんが、ショクパンマンの前に出るともじもじする、しおらしい。そんなドキンちゃんの様子を見ているバイキンマンの心中を察すれば、我がことのように胸が痛いのは、僕らだけじゃないだろう。あなたにだって覚えがあるはずだ。

バイキンマンには戦う理由がふたつある。けれども、かつては「アンパンマンをやっつけるために生まれてきた」と豪語したバイキンマンも、次第にその宿命を忘れていく。気づけばいつも、ドキンちゃんが欲しがるものを手に入れるためだけに犯罪的な行為をしている、そしてアンパンマンに見とがめられて戦うことになる、そんな構図になっている。

だいたい、「アンパンマンをやっつけるための存在」という自己存在の定義はおかしい。本当にアンパンマンをやっつけてしまえば、自分の存在する理由もなくなってしまう。この戦いには、「勝者の喜び」のようなものは存在しない。だって、勝った瞬間に自分の存在もその意味を失うのだから。なんでそんな奇妙な存在理由、自己認識をバイキンマンは背負ってしまったのか。それは、『アンパンマン』という物語にアンパンマンの敵が必要だったからだ。物語の中に、バイキンマンがアンパンマンと戦う理由はなく、物語を進めたい側に、アンパンマンと敵対するバイキンマンが必要だったのだ。

バイキンマンは、なぜか、そのメタ物語的な自己存在の理由をきっとかいま見てしまったのかもしれない。アカシックレコードの断片でも読んでしまったのだろうか。ともかく、自分はアンパンマンを憎み、戦い、やっつけなければならないと思い込んでしまった。そのバイキンマンが、物語の中に、自分の戦う理由を見つけてしまった。それが「ドキンちゃんのため」だ。

「ドキンちゃんの欲望を満たすために戦う」、その気持ちに気づいてしまったら、「アンパンマンをやっつけるため」という、いつのまにか刷り込まれたような、誰のものとも知らない理由など色あせてしまう。

時々は、かつての恋を知らぬ前の汚れない自分を思い出そうとするかのように、アンパンマンを倒すために作戦を立案し実行したりもしてみるが、結局は、そんな色あせてしまった思い出のようなもので、本気で戦うことなんかできない。

結果は同じだ。行っている行為そのものは。今も昔もバイキンマンはアンパンマンと戦っている。けれども、かつての戦いは、バイキンマンにとって、「自分はアンパンマンをやっつけるために生まれてきた」という誰のものともしられぬ思い込みによるものだった。今のバイキンマンは、「ドキンちゃんの欲望を満たすための存在」だ。ただ、そのために不器用なバイキンマンにできることは、アンパンマンが見咎《とが》めて絡んでくるようなことばかり、結果としてバイキンマンはやはりいつでもアンパンマンと戦っている。

バイキンマンは、自分が「ドキンちゃんの欲望を満たすための存在」になっていることをおそらく自覚できていない。いまだに、自分は「アンパンマンをやっつけるために生まれてきたんだ」と思っている。ドキンちゃんのために戦っているのに、アンパンマンをやっつけるために戦っているのだと思い込んでいるようでもある。

自分が大切だと思っていたり、思いを馳せていたりする人の要求を満たすという行為が悪いわけではない。しかし私たち人間が、そういう理由だけで何らかの重大な帰結をもたらす（たとえば犯罪行為のような）ことを実行することは難しい。だから、別の理由を考え、偽装することになる。バイキンマンがどの程度までこのことに自覚的であるか、本当のところはわからないけれども、ドキンちゃんのわがままな要求を受け入れて遂行するときに、それを「これはアンパンマンをやっつけるためにやることだ」と自分を騙すこともできる。そして、バイキンマンのように二つの戦うキモチを持っている場合、自分のある行為がどちらのキモチに由来しているのかを判定するのは、自分自身でさえ、とても難しい。

しかし僕らは、ある場合には、それを一つ一つ、きちんと峻別していかなくてはならないと考えている。もしも僕らが戦うことを決断するのであれば、それが、どのキモチに由来するものであるのかが分からなければ、それを肯定することも否定することもできないから。

だから、僕らは、バイキンマンに気づいて欲しい。今の君の戦いはもう、かつての君の戦いとは違うんだよって。無反省で無自覚な思い込みから、かってに誰かのことを敵視してかってに喧嘩を売っていたときの君とは違うんだよ、って。今君は、成就することのなさそうな悲しい恋のために戦っている。でもそのことに気づいたのならば、もしかしたら君は戦いからも解放されるかもしれない。なんとなれば、アンパンマンに見とがめられない方法でドキンちゃんを満足させてあげられるのならば、君はもう、戦う必要などないのだから、と。

ゾーンダイク
『青の6号』

もともとは、1967年に週刊少年サンデーで連載されていた小澤さとるによるコミックである（僕らと同年代の読者にとっては、とても懐かしいものであるだろう）。それを原作とし、1998年〜2000年に発売されたOVA（Original Video Animation）に登場するのが、ここで対象としている敵「ゾーンダイク」である。以下、このOVA版を元に考える。

まず、タイトルにもなっている「青の6号」とは、人類の最後の頼みの綱である最新鋭潜水艦の名称である。超国家組織である「青」に所属する六番艦（実際には、「青の0号」から始まるので七番目だが）なのでそう呼ばれる。人類は、開発という名のもとの自然破壊を繰り返し、地球の環境は持続不可能なレベルの絶望的な状態に瀕していた。そこに登場したのが天才科学者「ゾーンダイク」である。彼は、海洋開発を進めることによって人類を存続させることができると考え、様々な計画を立案し実現していった（これは、ストーリーとしては明示されていないが、作中の人物のセリフから推測されることである。以下同様）。

かつては海洋開発において主導的な役割を担っていたゾーンダイクは、ある事件を契機に、人類に叛旗を翻すことになる。その「事件」の詳細は作中でも断片的なセリフから推測するしかないのだが、ゾーンダイクの「妻、息子夫婦と孫」がテロによって殺害された、ということらしい。ただし一方で、ゾーンダイクは「内戦が始まったときに、私は死んだ」とさえ言う。内戦とは、元は同じ共同体に属していた人間同士が戦うことを意味するが、その意味で、このゾーンダイクの言葉は重い。人が人を殺すということ、そしてその人たちは、かつては価値観を少しでも共有していた者たちであること、共に生き、共に暮らしていた者たちが殺し合うということに直面したとき、ゾーンダイクの魂は死んだ。そしてさらに、自分が愛する家族が、自分が愛する人間たちの手によって殺されたとき、ゾーンダイクの魂は、歪んだ復活をすることになった。

ゾーンダイクは、地球全体の海面を上昇させ十億の人類を海に沈めて殺戮してしまう。また、合成生命体（ミュータント）を生物兵器で武装させ、人類をテロ攻撃する。さらには、「ポールシフト」を人為的に発生させる装置を開発し、それによって人類を絶滅させようとしている。

この章でとりあげた様々な敵に比べて、ゾーンダイクは、その能力においても、また思想においても、さらには「戦うキモチ」においても、飛びぬけている。ゾーンダイクは、確実に人類を絶滅させることを考えており、海面上昇も、ポールシフトも、その目的を達成するうえでは、かなり実現性が高い。「死ね死ね団」や「ショッカー」であれ、このゾーンダイクの作戦の前ではかすんでしまう。これが、ここまで検討してきた他の「敵」と違うところである。つまりゾーンダイクは「ガチ」である。ガチに人類を滅亡させようとしていて、さらに、その目的が達成される確率は、きわめて高いと推測されるように描かれている。

主人公は速水鉄《ハヤミテツ》という「ハネアガリ」「反抗系」の元軍人であるが、その腕を見込まれて軍に戻る。速水を連れ戻す役なのが直情型の若い女性兵士「紀之真弓《キノマユミ》」である。第1話で、速水は、撃破した敵機の中にいた女性型の「ミューティオ」（ゾーンダイクが生み出した合成生命体のうちの一つの種類）を助け、海に戻す。その女性型ミューティオはゾーンダイク軍の本拠地に帰還することになる。「どうして、なぜ逃がしたの？　敵なのに」という紀之の詰問に、速水は答えない。

ゾーンダイクは「人は人でありすぎた。欲望と快楽、復讐と憎悪。呪われたロンドは、いつか終焉を迎えなければならない」と言う。さすがに僕らは十分すぎるほど大人になってしまったので、こんな感じの書生気質的意見に惑わされることはないが、ここで重要なのは、単に年かさが増えただけで、その実、そういう一見カッコ良さげな意見に対抗しうる思想や論理を持つわけではないということ。もちろん僕らは正論を否定するつもりは毛頭ないし、むしろ正論だけが重要だと思っているのだけれども、「何が正論であるか」は常に吟味しなければならないし、僕らは全員が基本的に馬鹿なのだから、「正論だ」と思った瞬間の自分自身の判断を少しは疑う必要があるべきだという知恵も持つようになった、というわけだ。そういう知恵は日和見主義とも呼ばれるけどね。つまり「それは正論かも知れないけど、嘘くさい」ということ。

超国家組織である「青」は、ゾーンダイクの「ポールシフト」を阻止すべく、その基地を核攻撃することを決めるのだが、それを知らされていない速水は、核兵器の使用を疑って、核を使うのかと紀之真弓に問いかける。紀之は、それには答えず、「ゾーンダイクは人類の敵よ！」と叫ぶ。速水は「だから殺すのか」と言うが、「あなた、自分の手を汚したくないだけなんでしょ！」と紀之が逆に詰《なじ》る。紀之は、ゾーンダイクの作戦によって家族を失っている。つまり紀之の戦うキモチの主成分は復讐である。

「戦う理由」と「戦うキモチ」という二つがあって、互いに関係しあっていると僕らは思っている。でも、ゾーンダイクには、このことを考えるうえで、とても特殊なことが起こった。人類のために戦っていたのだが、その「戦うキモチ」が、あるとき突然消失してしまったということである。ゾーンダイクは、それまで、海洋開発によって何とか地球と人類を存続させるために戦ってきたのだが、その理由を裏打ちする「戦うキモチ」は、おそらく愛だったのだろう。家族が殺され、それを見失った。テロで殺されたということだけで、その詳細は明らかではないが、当然「人間に」殺されたはずだ。自分が助けようとしている、守ろうとしてる人類が、自分の家族を殺害したとき、ゾーンダイクの内部で何かが壊れた。ゾーンダイクは「君たちの世界、この世界を私は認めない。絶対、ノーだ」と速水に言う。さらに「世界は滅ばぬ。ただ変わるのだ。君たちが望みさえすれば」とも言う。

ゾーンダイクは、自分の心臓の鼓動（のパターンだろう）と「ポールシフト発生装置」を連動させていることを速水に教える。つまりゾーンダイクの心臓が停止すれば装置も停止する。よく考えればこれも奇妙な話で、もしも僕らがゾーンダイクだったら、「自分の心臓が停止すれば、装置が起動する」と設定するだろなぁとも思う。でもそれはなぜだろう—自分が死ぬのであれば、この世界も道連れにする、ということ？　もしくは、自分の存在を確保するための保険？

しかしゾーンダイクはその逆に設定した。「自分が生きていないなら、人類は存続してもいい」ということなのか、その真意はわからないが、「自分の存在」と「この世界の理の改変」とを交換した『魔法少女まどか☆マギカ』と同じだと感じる。つまり、「まど☆マギ」の箇所で述べたように、この交換は正しくないと、僕らは思う。なぜなら、宇宙や世界の理など、たった一名の存在や非存在をかけたとしても、そうそう変更されるものではないから。カッコ悪くても、醜くても、生き続けて、地を這うように小さな改変のための努力を続けることしか、できないはずだから。ただし、正しくないかも知れないけれども、物語としては美しい。そして、ここまで僕らが言ってきたことの繰り返しでしかないが、その美しさこそが問題なのだと。

結局、速水はゾーンダイクを撃ち殺す。ベルグ（ミュータントの司令官）は、ゾーンダイクの亡骸にすがり、こう叫ぶ「パパ、パパ……。なんで、なんでだよ……。新しい言葉、教えてくれるって言ったじゃないか。しゃべってくれよ」。僕らは文化論や言語論や現代思想を専門の一部とする研究者なので、このベルグのセリフには、どうしようもなく感動してしまう。なぜなら、ゾーンダイクは、ベルグらミュータントに「新しい言葉を教えるよ」と言っていたことがわかるからだ。ゾーンダイクがミュータントたちに教えたかった「新しい言葉」とは何だろうか。そして、僕らは一応教育者でもあるので、「新しい言葉」を教えることができているのだろうか、と。なによりも、僕らは「新しい言葉」を持っているのだろうか、と。まぁそれらは不遜な疑問でもあるのだけれど。

ゾーンダイクは、ミュータント（合成生命体）を生み出した。海に生きるものばかりではなく、陸上で生きるものもいる。おそらく社会を形成し、人間と同じような暮らしをしている。ミュータントたちは、ゾーンダイクのことを「パパ」と呼び、またゾーンダイクはミュータントを「子供たち」と呼んでいた。しかしここで気になるのは、ゾーンダイクは決して幸せそうには見えなかったという点である。ゾーンダイクのまなざしには、どこか空疎な感じが漂う。ゾーンダイクは新しい家族を作り出し、その者たちを愛そうと努力したのだが、結局のところ愛せなかったようにも見える。一方、ミュータントたちはゾーンダイクをせいいっぱい愛している。

ゾーンダイクを亡き者とした速水に、ベルグは「殺す！」と詰め寄る。速水は「やれよ……。ただ、ゾーンダイクは言っていた、まず、言葉を交わせと。まず、対話しろと」「お前たちのパパは言っていた。俺たちは互いに理解しあえると、隣人だと」とベルグに言う。さらに速水は言う「ゾーンダイクは、未来は変わると、俺たち次第だと」。ベルグは、速水を詰り、殴りつけるが、結局殺しはしない。ベルグは、守ろうとして速水に寄り添う紀之の涙を指先で掬《すく》い、その中に速水と紀之の姿を映し、その涙を舐めて「塩水だ」とつぶやく。そして、「対話などいらぬ」と吐き捨てて、戻っていく。これは、このＯＶＡ『青の６号』の中で最も美しいシーンだと思う。ベルグは、紀之の流した涙が、自分たちの海と同じだと悟った。そんな些細な共通性だけからでも、そこを端緒として、わかりあおうと努力することもできる。

このシーンで、ゾーンダイクが言っていた「復讐と憎悪（という）呪われたロンド（輪舞曲）」が終わることが予感される。速水はゾーンダイクを撃ち殺した。しかしゾーンダイクを「パパ」と慕うベルグは、速水を殺さなかった。つまり報復しなかった。どうしてそうしなかったのか、本当のところはわからないが、そこにこそ答えがあるのだと、僕らは感じる。

イゼルカント
『機動戦士ガンダムAGE』

コロニー「ノーラ」に住んでいる少年「フリット・アスノ」は、「モビルスーツ鍛冶（モビルスーツを作る技術者）」の名家であるアスノ家に生まれる。フリットは、アスノ家に伝わる「ガンダム」のデータが格納されているAGEデバイスを死ぬ間際の母から託される。そして、そのデータを元に、ガンダムAGE—1を開発することになる。

『機動戦士ガンダムAGE』は、かなり特殊なストーリー構成で、敵であるUE（Unknown Enemy）の正体が明らかになるのは、やっと第15話になってからのことである。そこでやっとUEは異星人などではなく、地球人の子孫であるということがわかる。さかのぼること150年前の火星移住計画「マーズバースデイ計画」において、計画は失敗とされ、移住者は全滅したことになっていた。その原因は、人口の2割が死病にかかるという、磁気嵐によって引き起こされる「マーズレイ」という現象である（これが実際に何であるかは、かなり話が進んでからしかわからないのだが）。しかし、火星には生き残りが存在していた。つまり「棄民」されたわけだ。火星に移住した者たちは、地球から助けが来ることを待ち望んでいたはずだが、それは来なかった。その者たちは、自らを「ヴェイガン」と名乗る。「イゼルカント」は、そのヴェイガンの指導者である。

当初においては、ヴェイガンによる報復戦争なのだと、視聴者の大半は思ったはずだ。つまりただの復讐だ。150年前の恨みを晴らすということは、日本に当てはめてみれば、1865年頃、明治維新の頃のことになる。言ってみれば、戊辰戦争のことをいまだに恨みに思い、当時の幕府軍や会津藩の子孫が、薩摩藩や長州藩の子孫に戦いを挑むようなものだ。これを荒唐無稽と言ってしまえば言い過ぎになるかもしれないが、おそらく今の日本人の多くにはピンとこないかもしれない。いや、案外そうではないのか。熱しやすく冷めやすい、喉元過ぎればすぐに熱さも忘れる日本人でも、案外150年程度の恨みは持ち続けているか。そういう心当たりもないではないが、まぁ、ともかくもこの物語は随分と長いスパンで語られる物語なのだ。

また、「マーズレイ」の影響から逃れるために地球を取り戻すというのも、ちょっと理解に苦しむ。マーズレイの影響の無い（マーズレイが届かない）宇宙域に、スペースコロニーを建設すればよいだけではないのか。モビルスーツや宇宙戦艦や要塞を作って、地球側のスペースコロニーを攻撃できるほどの科学文明を構築しているわけだから、地球征服を計画するより、よほどそちらのほうが手っ取り早いだろうし、何より合理的。どうしても地球に戻りたいというのであれば、まず火星やその周辺のコロニーに住む同胞たちを安全な場所に移住させてから攻撃すればいいのでは？

ただし、ヴェイガンの指導者であるイゼルカントの真の目的は、復讐でも地球帰還でもなかった。イゼルカントは「平和な世界を作り上げるために、人類を選別すること」が目的だと言う。エデンの園を作り上げるということらしく「プロジェクト・エデン」と名付けている。簡単に言えば優生思想だ。「第3部　キオ編」（第1部　フリット編からさらに50年後ぐらいの話なのだが……）で、第3部の主人公であるキオ・アスノ（フリットの孫）は、イゼルカントに対して「それで選ばれなかった人たちはどうなるの！」と反論するが、この反論もピントがずれている（まぁキオは13歳の子供だからね）。その議論の文脈からすれば「選ばれなかった人たち」は棄民されて死んでいくか、もしくは直接的に殺されるしかないのは当然である。問題はその帰結ではなく、「神でもない存在が、何の権限で、どのような資格もしくは正当性を根拠に」選別するのか、ということであるはずだ。だから正しくは「どんなに優秀な人間でも、そんな選別なんかできない！」だ。

イゼルカントの戦う理由は、まったく非論理的であり、まぁまともではない。「平和な世界を作り上げるために、戦争でバンバン人を殺す」ということだからね。でもこの理屈って、どこかで聞いたことない？「積極的平和主義」って、そういうことだよ。そんな変な造語が可能なら、僕らはそれを「消極的戦争主義」と言い換えるけど、それって間違ってる？　イゼルカントだってゾーンダイクだって死ね死ね団だって、ついでに「自称イスラム国」だって、その戦う理由は「自分たちが思い描く『平和な』世界を作りたい」っていうことなのであって、戦争はそのための手段でしかないわけでしょ。ただし、彼らもしくはそれらの組織や団体が考える「平和な世界」と、僕らが考える「平和な世界」は大きく違っているけれど、だから彼らは戦うしかないと思っているわけで、それは彼らなりの「積極的平和主義」なんじゃないの？　民主国家であり自称「先進国」である国からも、多くの若者が「自称イスラム国」に義勇兵として参加しているらしいけれど、それは戦争したいからではなく、その若者たちが自分なりの理想を求めた結果であり、その理想とは（彼らが考える）平和な世界の実現なんじゃないのかな、とさえ思う。もちろんそれは間違っていると僕らは思っているけれども、「積極的平和主義」とか言いつつ戦争準備に邁進する人たちと、それに賛成する人たちや、それに対してきちんとした批判もできないメディアを目にしたら、ちょっと悪態もつきたくなるってもんだよね。繰り返しだけど、「自称イスラム国」だって、「平和」（ただしそれは彼らが考える平和だけど）を求めて戦争しているはず。自分たちの考える平和を実現するために戦争することを「積極的平和主義」と呼ぶなら、歴史上、戦争をしたもののうちで「積極的平和主義」じゃなかった国や組織や団体は存在したのだろうかと訝《いぶか》しく思う。ナチスドイツだってそうだったんじゃないの？

で、ここまで何度も繰り返してきたことだけど、「戦う理由」と「戦うキモチ」は違う。しかし、戦う理由は、戦うキモチによって支えられているはずだ。戦うキモチと戦う理由が結びつかないならば、それはどちらかが嘘だ。そして普通に考えるならば、そのとき「戦うキモチ」のほうが嘘だ。つまり、「平和を願う気持ち」がもしも少しでもあるのなら、戦争を容認するような理由は採用できないはず、そのような理由を述べるならば、その背後にある戦うキモチは、決して「平和を願う」というようなものではない。きわめて単純で、当たり前のことだ。

イゼルカントは、部下であるゼハートに第44話で初めてその真意を告げる（この段階で「初めて」というのも凄いが）。「未来につなぐ価値を持った種の選別。人が人であるために。それが新世界への扉を開くプロジェクト・エデンだったのだ。」という具合だ。

一方、『青の6号』では、ゾーンダイクは「人は人でありすぎた」と言う。イゼルカントとゾーンダイクの言動は、とてもよく似ているように見えるけれども、その方向性は真逆。ゾーンダイクは「人間の本質」こそが原因であると考えているのに対して、イゼルカントは「人間の本質」を取り戻すことを考えている。

ゾーンダイクもイゼルカントも、最愛の家族を失ったことによって、その思考と感情の回路のどこかが壊れてしまった。そのこと自体は問題ではない。人は弱い存在なので、往々にしてそういうことは起こる。ゾーンダイクとイゼルカントの問題は、彼らの高い能力にあった。人間は嘘をつく。もちろん他人に対しても嘘をつくし、自分に対してさえ嘘をつく。つまり自分を騙す。しかし、ゾーンダイクには、イゼルカントと決定的に違うところがある。ゾーンダイクは対話の可能性をどこかで信じていた。だから、速水と対話し、ポールシフト発生装置の秘密を教えた。イゼルカントはどこまでも「問答無用」だ。

僕らがもし戦うとしたら、そこには必ず戦うキモチがあるはずで、もしもそれが無かったならば、どうしたって戦うことはできない。だから人間は、戦う理由を捏造する。戦うキモチがはじめにあって、戦う理由はあとから作られる。

また、もしも僕らが戦争に駆り出されて（まぁ僕らのような50代の人間を徴兵するようになったら、もう負けが決まっているようなものだけど）、戦わなくてはならなくなったとしたら、おそらく僕らは「戦うキモチ」を捏造したりもするだろう。人間というのはとてもよく作られた生体機構を持っていて、生命体としての行動の全体の整合性が保たれるようにそのような調整を行うこともできる。

つまり、戦うキモチが先にある場合でも、戦う理由が先にある場合でも、「戦うキモチ」と「戦う理由」が整合的なものとなるように、自分の内部で調整してしまうという面倒な仕組みを持っている、とても厄介な存在である。そしてそれはよくよく注意していないと、誰にでも起こるし、アニメやコミックの中でのことではあるが、ここまで見てきた例によれば、能力の高い人間であればあるほど、そういうことが起こる。逆に言うと、粗忽者《そこつもの》には、それは起きない。ここでいう粗忽者とは、たとえば「何言われたって戦わないよ。だって戦争嫌いだもん」と発言するような人間のことである。この「粗忽さ」は、実は意外に大事なことなんじゃないかと僕らは思っている。

ゼハートは、結局イゼルカントに説得され、プロジェクトエデンを継承する決意を固める。イゼルカントの屁理屈に納得してしまったからだ。そこでイゼルカントが述べる「戦う理由」はまったく非論理的なものであるが、力関係や説得技法の高さによって、そういうことが起こってしまうこともまた事実である。一方、『青の6号』で、速水がゾーンダイクの屁理屈に納得できず、結局ゾーンダイクを射殺するのは（まぁその項で述べたように、やむをえない他の理由もあったのだが）、速水は理屈や論理や思想などをそれほど信頼していないからだ。

さてここで僕らは考え込んでしまう。なぜなら、僕らは大学という教育機関に所属する教員であり、論理や思考の正しさを基準として何かを語る者だからである。しかし「理由や論理」と「気持ちや感情」とが互いに関係していて、一方が他方を捏造したり、偽装したりすることがある、という考え自体、論理的思考である。

だから僕らは、そのことについてもっとよく考えなくてはならないし、学ばなくてはならないし、研究を続けなくてはならないと思っている。

おわりに

Epilogue

まず、ここまで読んでくれてありがとう、とお礼を言いたい。なぜなら、僕らが考える限りでは、この本は「誰にとっても」読後感は悪いはずだと思っているから。逆に言うと、「誰にとっても、なんかいい感じの本だよね」と思われたならば、たぶん僕らは反省する。

だって、よく考えてみてよ。僕らが何らかの社会的な発言をするということは、僕ら自身が、社会に対して少々の影響を行使しようとすることとほぼ同義だから、読者のみんなが、ちょっとは「カチン」と来るような、そしてそのあとに考えてもらえるような、そんな内容になっていて欲しいと思っている。

だから、この本に僕らが書いたことは、必ずしも耳当たりの良いものばかりではないだろうし、特に、この本で扱ったそれぞれのアニメやコミックや特撮のファンの人たちにとっては、一部、批判や非難に見えてしまうような表現もあると思うので（そのつもりはないのだけれど）、なおさらだろう。

本文にも書いたけれども、僕らは、僕らの解釈や読み方や考えが、絶対的に正しいなどとは思っていない。それどころか、読み間違いや検討不足の部分だってたくさんあると思っているし、青臭かったり、理想論に振れ過ぎていたり、その逆にあまりにも現実に寄っていたりするところもあるだろう。なにより、僕ら自身、「戦うキモチ」と「戦わないキモチ」のあいだでのせめぎ合いを感じているし、混乱しているところだってあるし、正直に言うと、悩んでもいたりする。

僕らがこの本を書いた目的は、「はじめに」でも少し述べたように、「戦うキモチ」や「戦わないキモチ」がどんな成分を持っているのかということを、まずは僕ら自身が見てきたアニメや特撮やコミックの中での主人公や敵たちの「キモチ」をたどることによって検討してみようということなのだけれど、もちろんそれを本にして出版するということは、読者のみんなにも、同じような作業を少し期待している、ということ。そして、結論を急ぐのではなく、もしくは、安易な結論に飛びつくのではなく、僕らと同じように混乱したり、悩んだりもしてほしい。蛇足かもしれないが、そういう混乱や悩みを持つことは楽しいはずだし、そのプロセスを楽しむことは、この種類の本を読むときの醍醐味であるとも思っている。

もちろんそれで何かが急に劇的に変化したりすることはないと思うけれども、この本を読んで、自分の中の「戦うキモチ」や「戦わないキモチ」を少しでも内省してみたり、ときには混乱したり悩んだり、もしくは整理整頓できたり、などなどと感じている人が何人かでもいたら、それで十分だと思っている（それはそれで、ずいぶん贅沢な願望だとも思う）。

たぶん、この世界の価値観とか考え方とか社会的感情などなどというものは、とてもゆっくりしか変化しない。でも、変化しないってわけでもないし、それに対して一人や二人の人間が与えることのできる影響はとても小さなものだけれども、ゼロっていうわけでもない。

また、「影響」という言葉を使ったけれども、それは、たとえば反戦とか平和主義というような、何らかの具体的な主張の受容を意味するものではない（もちろんその逆でもない）。僕らが「影響」と言っているのは単純なことで、「よく考えようよ」ということ。つまり読者であるあなたが、このことについてよく考えてみてくれたのなら、僕らの目的は達成されたことになる。もちろん、「このこと」っていうのは、自分の「戦うキモチ」のこと。そして、自分の中の「戦うキモチ」や「戦わないキモチ」をよく考えるうえで、アニメや特撮やコミックは、とてもよい教科書だと思っている。その意味では、この本は「教科書ガイド」的な役割を持っているのかも知れない。まぁ、「悩んでみて」なんていう教科書ガイドがあるとは思えないし、それって「ダメな教科書ガイド」なのかも知れないけれどね。

ここまで読んでもらった読者にとっては明らかなことだろうと思うけど、僕らの立場は、まぁ当たり前だけど、戦争につながるあらゆることに反対するというもの。「戦争」ほどに明確な悪はないはずだと僕らは考えている。だけどそれは僕らの考えであって、「状況によっては戦争という選択もやむなし」という考え方のほうが正しいと思っている人もいるわけでね。で、ここまで何度も言ってきたように、「絶対的に正しい考え」などない。だからこそ話し合わなくてはならないし、できれば合意したほうがいい。

だからこそ、ここまで読んでくれた読者であるならば、自分以外の他の人たちの「戦うキモチ」のことについてもよく考えて欲しいと思う。もちろんそれって結局他人のことだからわからないのだけれども、やっぱり「他者に自分を重ねる」というのは、とても大事なことだと思うから。たとえその他者が「日本を戦争できる国にしたい」と思っている人たちでも、その彼ら彼女らの「戦うキモチ」を理解しようと思わないと、おそらく何も始まらないと思うから。

「戦う主人公」にも「戦わない主人公」にも、また「敵」にも、それぞれそれなりの戦う理由と戦うキモチがあったのだということを思い出して欲しい。悪口も言ったけれども、僕らは、その登場人物たちを理解したいと思って、いろいろ考えた結果であって、本来はそれぞれみんないくぶんかは正しいし、それぞれみんないくぶんかは間違っている、ということ。ちなみに、こういうのを「ポストモダン」といって非難する人がいたとすれば、その人は、「ポストモダン」のことを何も理解していない。価値の相対化はポストモダニズムが本来主張するところではないし、たとえば僕らは、自分たちの立場を明確にしているはず。もちろん戦術的に「自分の立場を明確に標榜しない」ということは許容されるとは思うけれども、僕らはそういうことはしていない。僕らは、未来を紡ぐために思考するのであって、過去を裁くためではない。過去を裁くという営みがまったく無意味ではないと思うけれども、それは「未来を紡ぐため」の思考をするための前段階としての意味しかないはず。過去に学ぶことしかできないからね。そして最も重要だと僕らが考えるのは、「どのような世界を目指すのか」ということ。僕らの考えは単純だ。「戦争、暴力、貧困、差別、の無い世界」である。そしてこの本では、戦争、もしくは戦うこと、について考えてきたはずだと思っている。で、何のために？　もちろん「戦争をなくすため」である。

だからこそ、戦争が必要だと考える人たちや、戦争が好きな人たちと、対話する必要があると考える。「どうして戦いたいの？」、もしくは、「あなたの戦う理由は何ですか」「あなたの戦うキモチは何ですか」ということを聞きたいし、その本意を知りたい。同時に、僕らが「戦わない理由」と、「戦わないキモチ」を理解してもらいたいと思う。最初はすれ違うだろうけど、きっといつかは話し合えるはずだし、理解しあえるはずだと、僕らは楽観している。

2015年6月

林延哉
高田明典

著者略歴

林延哉（はやし・のぶや）

茨城大学教育学部情報文化課程准教授。1961年生まれ。早稲田大学大学院文学研究科修士課程修了（心理学専攻）。日本社会臨床学会会員。日本社会臨床学会事務局長（2013年まで）。著書に『増殖するコンピューター変化する教育と生活』（現代書館）。

高田明典（たかだ・あきのり）

フェリス女学院大学文学部コミュニケーション学科教授。1961年生まれ。早稲田大学大学院文学研究科修士課程修了（心理学専攻）。早稲田大学大学院理工学研究科博士後期課程単位取得満期退学（電子通信工学専攻）。日本心理学会会員。情報処理学会会員。IEEE会員。電子情報通信学会『思考と言語』研究専門委員会委員。著書に『物語構造分析の理論と技法』（大学教育出版）など。

ウルトラマンからワンピースまで
ヒーローたちの
戦うキモチ

二〇一五年　八月一八日　初版第1刷発行

著　者……林延哉＋高田明典
発行者……揖斐　憲
発行所……サイゾー
東京都渋谷区道玄坂1の19の2　スプラインビル3F
〒150-0043
03-5784-0791
印刷・製本……株式会社シナノパブリッシングプレス
造本……島津デザイン事務所

ISBN978-4-904209-79-0